Der Jahres-Bibelleseplan

chronologisch

Im Verlauf der biblischen Geschichte Gottes Handeln entdecken

John R. Kohlenberger III

1.Auflage 2000
4.überarbeitete Auflage 2004

© Copyright der deutschen Ausgabe:
1. Auflage 2000 - 3. Auflage 2003, Ford Munnerlyn
4. Auflage 2004, European Theological Books Limited, London

Herstellung und Verlag: BOD, Books on Demand GmbH, Norderstedt

ISBN: 3-8334-1052-3

Das Standardvermerk der deutschen Bibliothek:

Lieferbar in jeder guten Buchhandlung, oder direkt bei:

FTA Books Gießen
Theologische Fachbuchhandlung der Freien Theologischen Akademie
Rathenaustrasse 7, D-35394 Gießen
www.ftabooks.de // Email: info@ftabooks.de

This book was first published in the United States by Moody Press with the title of Read Through the Bible in a Year, Copyright 1986 by the Moody Bible Institute of Chicago. Translated by permission.

Übersetzung: Joachim Klotz
Umschlaggestaltung und Satz: MedienDesign Brigitte Dannert,Wetzlar
Creativ Media, Nümbrecht
Die Abbildung auf dem Umschlag wurde mit freundlicher Genehmigung des Verlages R. Brockhaus,Wuppertal, der revidierten Elberfelder Bibel entnommen.

Das Wort Gottes kommt nicht leer zurück!

Mit dieser Verheißung aus den Propheten (Jes 55,11) möchte ich allen Freunden das tägliche Lesen der Bibel wärmstens empfehlen. Vor einigen Jahren brachte John Kohlenberger, ein Theologe aus Oregon (USA), diesen zeitlich geordneten Leseplan heraus, der die geschichtlichen Ereignisse und die prophetischen und brieflichen Kapitel inhaltlich miteinander verbindet. Das Lesen der Bibel in dieser „chronologischen" Reihenfolge macht uns den Zusammenhang zwischen Gottes Handeln und Gottes Offenbarung sehr deutlich bewusst. Gottes Eigenschaften und sein Charakter stehen um so deutlicher im Vordergrund.

Es ist unser Wunsch, dass diese Anordnung jedem Leser, jung und alt, helfen soll, Gottes Gnade im eigenen Leben besser zu verstehen und die Bibel in ihrer Klarheit für sich in Anspruch zu nehmen. Besonders danke ich meinen beiden Kollegen Joachim Klotz und Joachim Schuster. Herr Klotz, selber ein eifriger Bibelleser, übersetzte dieses Heft aus dem Amerikanischen mit großer Hingabe, nachdem mehrere Hunderte von Freunden die amerkanische Ausgabe von uns abnahmen. Jetzt wollen wir schon in der 3. Auflage deutschsprachigen Lesern in dieser Weise den Zugang zur Bibel erleichtern. Möge diese (seine) Arbeit vielen Menschen zum großen Segen werden. Herzlich möchte ich auch Joachim Schuster als Lektor danken, der die mühsame Korrektur der Endfassung auf sich nahm.

Darüber hinaus danke ich den vielen Lesern, die uns mit positiven Rückmeldungen Mut machten, dieses Heft herauszubringen. Andere halfen uns in vielfältiger verlegerischer Weise, dieses erste Projekt in der Tat umzusetzen. Ferner danke ich hier dem amerikanischen Verlag, Moody Press, Chicago, Illionois, der diese deutsche Veröffentlichung mit Begeisterung unterstützt. Für weitere Rückmeldungen seitens unserer Leser sind wir sehr dankbar. Mögen viele Menschen Gottes Wort dadurch lieb gewinnen.

Soli deo gloria.

*Ford Munnerlyn als Herausgeber
Gießen, zum Neujahr 2002*

In einem Jahr chronologisch durch die Bibel?

Besonders zu Beginn eines neuen Jahres strebt man gerne voller Optimismus nach großen Zielen. Viele Christen haben sich schon einmal als Ziel gesetzt, in dem kommenden Jahr die Bibel komplett durchzulesen.

Für einige Leser könnte dieses Mal das erste Mal sein, dass sie die Bibel erfolgreich komplett durchlesen. Vermutlich schließen viele Christen Versuche dieser Art nie erfolgreich ab. Nicht weil sie ungeistlich sind oder nicht in Hingabe leben, sondern weil es eine wirklich schwierige Herausforderung ist. Eine Schwierigkeit besteht darin, dass viele Bibeslesepläne zwischen dem Alten und dem Neuen Testament hin- und herspringen und damit den Fluss und die enge Verbindung zwischen den einzelnen biblischen Büchern immer wieder unterbrechen.

Eine andere unnötige Schwierigkeit besteht darin, dass eine Übersetzung benutzt wird, die man auf Anhieb kaum verstehen kann.

Aber selbst ein einziges biblisches Buch in einem Stück durchzulesen, ist nicht immer einfach. In manchen Büchern gibt es viele Parallelen und Überschneidungen. Nehmen wir die vier Evangelien als Beispiel. Jedes von ihnen berichtet über das Leben Jesu Christi, aber noch nicht einmal zwei von ihnen haben exakt dieselbe Reihenfolge oder berichten genau die gleichen Begebenheiten.

Um einen geschichtlichen Überblick zu bekommen, wurde dieser Bibelleseplan chronologisch aufgebaut. So weit wie möglich werden wir zwar die Bücher in einem Stück lesen, aber die Samuel-, Könige- und Chronikbücher werden parallel gelesen, wobei die zeitlich passenden Texte aus den Psalmen, Sprüchen, Propheten usw. eingefügt sind. Die Evangelien werden in einer Gesamtschau gelesen, die Briefe des Paulus im Rahmen der Apostelgeschichte.

Dieser Bibelleseplan soll aber nicht nur als Geschichtsunterricht dienen. Wir wollen uns darüber hinaus auf das allerwichtigste Thema der Bibel konzentrieren: auf Gott selbst! Weil wir die Bibel in einer historischen Ordnung lesen werden, können wir Gottes fortschreitende Offenbarung in Wort und Tat beobachten. Wir erkennen, wie Gott im Laufe der Geschichte immer mehr von sich zeigt durch das, was er sagt, und durch das, was er tut.

Die Hauptnamen Gottes

Im alten Vorderen Orient lieferte der Name einer Person einen Schlüssel zu ihrem Charakter. Adam bekam seinen Namen von der Erde (*adamah*), aus der er geformt wurde (1Mose 2,7), Eva, als Mutter aller Menschen, wurde „Leben" (*chawwa*; 1Mose 3,20) genannt. Der Narr, der David und seinen Leuten in 1Sam 25 die Gastfreundschaft verweigerte, wurde ganz passend Nabal („Narr") genannt.

Für die Hauptnamen Gottes im Alten Testament werden gewöhnlich drei Begriffe gehalten. In den deutschen Übersetzungen erscheinen sie normalerweise als „Gott", „Herr" und „HERR" (oder HERR). Jeder Name hat eine eigene Bedeutung. Das Wort „Gott" ist normalerweise die Übersetzung von einem der drei miteinander verwandten hebräischen Worte *El*, *Eloah* oder *Elohim*, die eine Grundbedeutung von „Macht" oder „Kraft" haben und daher die Gottheit als „der Mächtige" beschreiben. Kein Wunder, dass *Elohim* in 1Mose 1,1-2,3 insgesamt 35-mal gebraucht wird, um den Gott zu beschreiben, der das Universum erschuf.

Diese Worte setzen die Existenz Gottes voraus und beschreiben seine Kraft (Röm 1,20), aber sie vermitteln noch nichts Einzigartiges über den Gott der Bibel. Die Bibel und andere Texte ihrer Zeit gebrauchen die gleichen Worte, um andere Götter zu beschreiben (1Mose 31,30-32) oder sogar mächtige Menschen (2Mose 22,8-9: in manchen Übersetzungen mit „Richter" wiedergegeben, in anderen mit „Gott"). Einzigartig jedoch ist der biblische Gebrauch des Wortes *Elohim*, das eigentlich eine Pluralform ist und doch auf den *einen* Gott bezogen wird.

In altertümlichen Texten ist es nicht ungewöhnlich, dass eine Pluralform gebraucht wird, um eine Einzelperson anzusprechen. Sie wird auch „Majestätsplural" genannt. In dieser Form könnte bereits ein Hinweis auf die Dreieinigkeit enthalten sein. Sie wird mindestens 2340-mal als Name Gottes gebraucht, im Gegensatz zu den beiden Singularformen *El* (205-mal) und *Eloah* (50-mal).

Das Wort *Herr* begegnet uns fast 640-mal im Neuen Testament (als Bezeichnung für Jesus oder den Vater), aber nur 460-mal im Alten Testament. Das hebräische Wort für Herr (*Adon*) kann Meister, Herr oder Lehrer bedeuten, wie auch die Worte für Gott und dabei nicht den Herrn des Universums meinen (1Mose 42,30.33). Aber wie auch bei *Elohim* wird die Pluralform von *Adonai* gewöhnlich gebraucht wenn sich dieses Wort auf *den* Herrn bezieht. Darüber hinaus beinhaltet die Endung *-ai* das Personalpronomen mein. Daher kann dieses Wort auch als „mein Herr" übersetzt werden, besonders dann, wenn vom Text her deutlich ist, dass hier die Beziehung eines ergebenen Dieners zu seinem souveränen Herrn gemeint ist (z.B. 1Mose 15,2.8).

Das Wort *HERR* (HERR) übertrifft die Summe aller anderen Namen und Titel Gottes, indem es mehr als 6800-mal vorkommt. Im Gegensatz zu den anderen Begriffen ist *HERR* der einzige angemessene Name des einen wahren Gottes, der Name, den er mit keinem anderen teilt.

Die meisten Theologen sind überzeugt davon, dass dieser Name ursprünglich „*Jahwe*" ausgesprochen wurde.

Jahwe ist der Name, mit dem Gott die besondere Wechselbeziehung zu seinem Volk ausdrückt, und der seine Gegenwart beinhaltet. Daher ist es bezeichnend, dass in 1Mose 1 Gott als „der Mächtige" das Universum schuf, aber *Jahwe* sich herabließ, um den Menschen vom Staub der Erde zu formen und ihm den Lebensodem in die Nase zu blasen.

Wenn *Adonai* und *Jahwe* zusammen auftreten (z.B. in 1Mose 15,2.8), dann übersetzt z.B. Luther mit „HERR, mein Gott" und die Elberfelder mit „Herr, HERR".

---

* Die mit * gekennzeichneten Zahlen zeigen die Vorkommen an, wenn *El* oder *Elohim* als „Gott" gebraucht werden, aber nicht den wahren Gott meinen. In den Summen der *Elohim*-Spalten bei Esra, Jeremia und Daniel ist das aramäische Wort für Gott, *Elah*, enthalten.

\# Die mit # gekennzeichneten Zahlen zeigen die Vorkommen an, wenn *Adon* (Herr) und *Elohim* (Götter) für menschliche Autoritäten gebraucht werden.

Die Hauptnamen Gottes im Alten Testament

Buch	Elohim „Gott"	El „Gott"	Adon(ai) „Herr"	Eljon „Allerhöchster"	Schaddai „Allmächtiger"	Jahwe „HERR"
1Mose	213/4*	19	9/2#	4	6	165
2Mose	114/20*/4#	5/2*	8	0	1	401
3Mose	52/1*	0	0	0	0	311
4Mose	22/3*	10	1	1	2	396
5Mose	342/35*	10/3*	4	1	0	550
Josua	67/9*	4	4/1#	0	0	222
Richter	47/26*	1*	4/10#	0	0	176
Rut	3/1*	0	0/1#	0	2	18
1/2Samuel	146/9*	6	6/90#	1	0	473
1/2Könige	165/39*	0	6/68#	0	0	535
1/2Chronik	299/22*	0	0/9#	0	0	560
Esra	96/1*	0	0/1#	0	0	37
Nehemia	68	3/1*	5	0	0	17
Ester	0	0	0	0	0	0
Hiob	57/1* (41x sg. *Eloah*)	56	1	1	31	32
Psalmen	358/10*	69/8*	63/3#	23	2	742
Sprüche	6	1*	0/3#	0	0	87
Prediger	40	0	0	0	0	0
Hohelied	0	0	0	0	0	0
Jesaja	84/10*	18/7*	53/10#	0	1	458
Jeremia	114/32*	2/1*	14/6#	0	0	717
Klagelieder	0	1	14	2	0	32
Hesekiel	36	4/2*	219 (215x *Adonai Jahwe*)	0	2	436
Daniel	57/19*	3/1*	13/5#	4	0	7
Hosea	23/3*	3	1	0	0	46
Joel	11	0	0	0	1	33
Amos	11/3*	0	25/1# (20x *Adonai Jahwe*)	0	0	81
Obadja	0	0	1	0	0	7
Jona	14/2*	1	0	0	0	26
Micha	10/1*	1/1*	3	0	0	40
Nahum	0/1*	1	0	0	0	13
Habakuk	3/1*	0	1	0	0	13
Zefanja	4/1*	0	1/1#	0	0	34
Haggai	3	0	0	0	0	35
Sacharja	11	1	4/5#	0	0	134
Maleachi	7	2/1*	2/2#	0	0	47

Der Leseplan

Die Kapitelangaben sind **fett**, die Versangaben *kursiv* gedruckt. Die Hinweise ☞AT1 usw. beziehen sich auf die Einführung in das jeweilige Bibelbuch oder Thema ab Seite 16.

Januar			Februar		
1. Januar	**1Mose 1-3**	☞AT1	1. Februar	**2Mose 1-4**	☞AT3
2. Januar	**1Mose 4,***1*-**6,***8*		2. Februar	**2Mose 5-8**	
3. Januar	**1Mose 6,***9*-**9,***29*		3. Februar	**2Mose 9-11**	
4. Januar	**1Mose 10-11**		4. Februar	**2Mose 12-13**	
5. Januar	**1Mose 12-14**		5. Februar	**2Mose 14-15**	
6. Januar	**1Mose 15-17**		6. Februar	**2Mose 16-18**	
7. Januar	**1Mose 18-19**		7. Februar	**2Mose 19-21**	
8. Januar	**1Mose 20-22**		8. Februar	**2Mose 22-24**	
9. Januar	**1Mose 23-24**		9. Februar	**2Mose 25-27**	
10. Januar	**1Mose 25-26**		10. Februar	**2Mose 28-29**	
11. Januar	**1Mose 27-28**		11. Februar	**2Mose 30-31**	
12. Januar	**1Mose 29-30**		12. Februar	**2Mose 32-34**	
13. Januar	**1Mose 31-32**		13. Februar	**2Mose 35-36**	
14. Januar	**1Mose 33-35**		14. Februar	**2Mose 37-38**	
15. Januar	**1Mose 36-37**		15. Februar	**2Mose 39-40**	
16. Januar	**1Mose 38-40**		16. Februar	**3Mose 1,***1*-**5,***13* ☞AT4	
17. Januar	**1Mose 41-42**		17. Februar	**3Mose 5,***14*-**7,***38*	
18. Januar	**1Mose 43-45**		18. Februar	**3Mose 8-10**	
19. Januar	**1Mose 46-47**		19. Februar	**3Mose 11-12**	
20. Januar	**1Mose 48-50**		20. Februar	**3Mose 13-14**	
21. Januar	**Hiob 1-3**	☞AT2	21. Februar	**3Mose 15-17**	
22. Januar	**Hiob 4-7**		22. Februar	**3Mose 18-20**	
23. Januar	**Hiob 8-11**		23. Februar	**3Mose 21-23**	
24. Januar	**Hiob 12-15**		24. Februar	**3Mose 24-25**	
25. Januar	**Hiob 16-19**		25. Februar	**3Mose 26-27**	
26. Januar	**Hiob 20-22**		26. Februar	**4Mose 1-2**	☞AT5
27. Januar	**Hiob 23-28**		27. Februar	**4Mose 3-4**	
28. Januar	**Hiob 29-31**		28. Februar	**4Mose 5-6**	
29. Januar	**Hiob 32-34**				
30. Januar	**Hiob 35-37**				
31. Januar	**Hiob 38-42**				

März

1. März **4Mose 7**
2. März **4Mose 8-10**
3. März **4Mose 11-13**
4. März **4Mose 14-15**
5. März **4Mose 16-18**
6. März **4Mose 19-21**
7. März **4Mose 22-24**
8. März **4Mose 25-26**
9. März **4Mose 27-29**
10. März **4Mose 30-31**
11. März **4Mose 32-33**
12. März **4Mose 34-36**
13. März . . . . . . **5Mose 1-2**   ☞ AT6
14. März **5Mose 3-4**
15. März **5Mose 5-7**
16. März **5Mose 8-10**
17. März **5Mose 11-13**
18. März **5Mose 14-17**
19. März **5Mose 18-21**
20. März **5Mose 22-25**
21. März . . . . . . **5Mose 26-28; Ps 90**
22. März **5Mose 29**,*1*-**31**,*29*
23. März **5Mose 31**,*30*-**34**,*12*
24. März . . . . . . **Josua 1-4**   ☞ AT7
25. März . . . . . . **Josua 5-8**
26. März . . . . . . **Josua 9-11**
27. März . . . . . . **Josua 12-14**
28. März . . . . . . **Josua 15-17**
29. März . . . . . . **Josua 18-19**
30. März . . . . . . **Josua 20-22**
31. März . . . . . . **Josua 23-24**
           Richter 1   ☞ AT8

April

1. April . . . . . . **Richter 2-5**
2. April . . . . . . **Richter 6-8**
3. April . . . . . . **Richter 9**
4. April . . . . . . **Richter 10-12**
5. April . . . . . . **Richter 13-16**
6. April . . . . . . **Richter 17-19**
7. April . . . . . . **Richter 20-21**
8. April . . . . . . **Ruth**   ☞ AT9
9. April . . . . . . **1Samuel 1-3** ☞ AT10
10. April **1Samuel 4-7**
11. April **1Samuel 8-10**
12. April **1Samuel 11-13**
13. April **1Samuel 14-15**
14. April **1Samuel 16-17**
15. April **1Samuel 18-19;**
           Psalm 59   ☞ AT11
16. April **1Samuel 20-21;**
           Psalm 56; **34**
17. April **1Samuel 22-23;**
           1Chronik 12,*9-19;*
           Psalm 52; 54; 63; 142
18. April . . . . . . **1Samuel 24; Psalm 57;**
           1Samuel 25
19. April **1Samuel 26-29;**
           1Chronik
           12,*1-8.19-22*
20. April **1Samuel 30-31;**
           1Chronik 10;
           2Samuel 1
21. April **2Samuel 2-4**
22. April **2Samuel 5**,*1-6,11;*
           1Chronik 11,*1-9;*
           12,*24-***14**,*17*
23. April . . . . . . **2Samuel 22; Psalm 18**
24. April **1Chronik 15-16;**
           2Samuel 6,*12-23;*
           Psalm 96
25. April . . . . . . **Psalm 105;**
           2Samuel 7;
           1Chronik 17
26. April **2Samuel 8-10;**
           1Chronik 18-19;
           Psalm 60
27. April **2Samuel 11-12;**
           1Chronik 20,*1-3;*
           Psalm 51

☞AT1: 1. Mose

Das erste Buch Mose (1Mose) beginnt bei der Schöpfung und führt uns bis zur Ansiedlung der Nachkommen Jakobs in Ägypten. Drei Viertel des Buches konzentrieren sich auf die vier Generationen von Abrams Ruf bis Josephs Tod (ca. 2091-1805 v.Chr.).

Wie schon erwähnt, ist es wichtig festzuhalten, dass Gott, „der Mächtige", das Universum erschaffen hat (1Mose 1), aber dass *Jahwe* persönlich Adam und Eva geformt hat. Er genoss die Gemeinschaft mit ihnen im Garten und sorgte auch noch für sie, nachdem sie gesündigt hatten (1Mose 2-3). Es fällt auch auf, dass Melchisedek Gott, den Allerhöchsten (*El Eljon*) ehrt, wogegen Abram, der eine besondere Bundesbeziehung zu Gott hatte, ihn auf eine ganz vertraute Weise als *Jahwe Gott, den Allerhöchsten* kennt (14,18-24).

Mehrere solcher zusammengesetzter Namen oder Titel geben uns einen zusätzlichen Einblick in Gottes Eigenschaften und in sein Handeln. Neben *El Eljon* ist *El Schaddai*, „Gott, der Allmächtige", der bekannteste Name, auch wenn dieser Name nur 48-mal in der Bibel auftaucht. In der Liste der Hauptnamen Gottes (Seite 7) ist aufgeführt, wie oft die Namen *Eljon* und *Shaddai* vorkommen.

📖 📖 📖

☞AT2: Hiob

Obwohl wir nicht wissen, wer das Buch geschrieben hat und wann es geschrieben wurde, muss Hiob wahrscheinlich in die Tage der sogenannten Patriarchen (Abraham, Isaak, Jakob) datiert werden. Er lebte allerdings nicht im Land Israel.

Zum Verständnis dieses Buches sollte man zwei Schlüssel beachten: Erstens geht es hier um „Weisheitsliteratur", und zweitens werden an bestimmten Stellen bewusst verschiedene Namen Gottes gebraucht.

In diesem Buch der Weisheitsliteratur erzählt uns Hiob in Form von poetischen Sprichwörtern von den Ordnungen der Welt, die Gott geschaffen hat (s.a. ☞ AT13: Sprüche, Seite 27). Dieser Bericht kann in poetischen Sprichwörtern zusammengefasst werden, weil Gott ein Gott der Ordnung ist. Allerdings gibt es zu vielen dieser Sprichwörter Ausnahmen, weil die Sünde die Vollkommenheit der Schöpfung Gottes beschädigt hat.

Als Hiobs Freunde entdeckten, wie notleidend und krank er war, konfrontierten sie ihn sofort mit der als Norm geltenden Weisheit: „Gott richtet den Gottlosen und segnet den Gerechten, also bekenne deine Gottlosigkeit, damit du wieder hergestellt wirst." Hiob aber beharrte auf seiner Gerechtigkeit, ungeachtet der gut begründeten, aber falsch angewendeten Behauptungen.

An dieser Stelle wird der Gebrauch der Namen Gottes wichtig. Wir als Leser haben heute mehr Informationen, als die biblischen Personen damals hatten: Wir kennen die Szene im Himmel aus Kap. 1 und wissen, dass Hiobs Zustand eine Folge der Auseinandersetzung von Satan mit Gott war. Unser besonderer Einblick wird von dem Gebrauch des Namens *Jahwe* in Kap. 1 bestätigt. Hiob und seine Freunde hatten nicht das ganze Bild vor Augen, daher gebrauchen sie in den folgenden Kapiteln verschiedene Namen Gottes, wenn sie von ihm sprechen. Als sich Gott schließlich in den Kap. 38-42 offenbart, dominiert wieder der Name *Jahwe* die Erzählung. Die Geschichte von Hiob lehrt uns, dass unsere Weisheit begrenzt ist. Wir haben niemals das ganze Bild vor Augen, egal ob wir viel oder wenig von und über Theologie wissen. Wir sollten mehr Erbarmen mit anderen haben, anstatt sie zu verurteilen, seien es Gläubige oder Ungläubige. Ansonsten stehen wir in der Gefahr, „nicht Wahres" über Gott zu reden (42,7). Und wenn wir den Eindruck haben, dass Gottes Verheißungen sich bei uns persönlich nicht so erfüllen, wie wir es uns wünschen, dann sollten wir trotzdem standhaft bleiben und auf Gott und sein Wort vertrauen, anstatt sein Wesen anzuzweifeln.

📖 📖 📖

☞AT3: **2. Mose**

Das 2. Buch Mose (2Mose) beginnt dort, wo 1Mose aufgehört hat, nämlich bei der Umsiedlung Jakobs und seiner Nachkommen nach Ägypten – als Erfüllung von 1Mose 15,13a. Aber als Erfüllung von Vers 13b werden die Israeliten von den Ägyptern bald darauf versklavt und unterdrückt. Der Rest des Buches stellt den Beginn einer Erfüllung von 1Mose 15,14.16 dar: Der Auszug aus Ägypten ins verheißene Land.

Der größte Teil von 2Mose konzentriert sich auf die 81 Jahre zwischen der Geburt des Mose und der Aufrichtung der Stiftshütte (1526-1445 v.Chr.). Die vier Jahrhunderte der Unterdrückung werden einfach zusammengefasst und außerdem von der Tatsache unterstrichen, dass nur der Name *Elohim* gebraucht wird, wenn von Gott in den Kap. 1 und 2 die Rede ist. Israel glaubte zwar an seine Existenz, erlebte seine Gegenwart aber nicht. Der Name *Jahwe* erscheint erst in Kap. 3. *Jahwe* verkündete, dass er „herabgekommen" (Vers 8), und in besonderer Weise auf Erden gegenwärtig sei, um sein Volk aus der Sklaverei zu erretten und sie in das großzügige Land der Verheißung zu führen.

Bevor Mose das Volk Gottes anführen konnte, wollte er Gottes Namen wissen. Gott antwortete: „Ich bin, der ich bin", denn wenn er seinen Namen aussprach, lautete er *Ehyeh*, „Ich bin". Wenn sein Volk aber Gottes Namen aussprach, lautete er *Jahwe*, was sich ähnlich anhört wie das hebräische Wort für „Er ist".

An dieser Stelle beinhaltet *Jahwe* mehr als nur Gottes Existenz; der Name beinhaltet seine vertraute Gegenwart, seine Bereitschaft zu retten und für sein Volk einzutreten. Außerdem beinhaltet er die Unveränderlichkeit seines Charakters. Wir können den Namen *Jahwe* definieren als: „Ich bin wirklich gegenwärtig, bereit zu retten und zu handeln, so wie ich es immer gewesen bin." In Kap. 5-8 lernt Israel *Jahwe* in ganz persönlicher Weise kennen als denjenigen, der Ägypten richtet und Israel erlöst (6,6-8). Ägypten lernt *Jahwe* dagegen nur durch sein Gericht kennen (7,5).

Daher fürchteten die Israeliten *Jahwe* und setzten ihr Vertrauen auf ihn (14,30-31). Weil *Jahwe* sie in der Wüste auf dem Weg zum Sinai versorgt hatte, gingen sie bereitwillig die Bundesbeziehung mit Gott ein, die er in 19,3-8 anbietet. Das Gesetz (s. a.F AT6: 5. Mose) wurde zum Besten für Israel gegeben und hielt alles bereit, was sie über ein gottesfürchtiges Leben wissen mussten. Das Wesentliche in der Beziehung des alten Bundes ist identisch mit dem im neuen Bund: „Wenn ihr mich liebt, werdet ihr meine Gebote halten." (Joh 14,15; 5Mose 6,4-9). Israel brach Gottes Gebot, als sie das goldene Kalb anfertigten und es als ihren Gott verehrten (2Mose 32). Obwohl Gott mit Gericht antwortete, offenbarte er in besonderer Weise seinen Charakter als *Jahwe*, als der barmherzige und gnädige Gott, der dem Bußfertigen vergibt, aber den Unbußfertigen richtet (34,6-7). Das ist eine der wichtigsten Offenbarungen über den Charakter *Jahwes*, die durch die ganze Bibel hindurch wiederholt wird und ihren Höhepunkt in der Person Jesus findet (Joh 1,14).

Kap. 36-40 betonen Israels Antwort auf die Vergebung *Jahwes*: 21-mal handelt das Volk „so wie *Jahwe* geboten hat". Als eine Folge davon erfüllte *Jahwe* die Stiftshütte mit seiner außergewöhnlichen Gegenwart und Herrlichkeit (40, 34-38), ein machtvoller Hinweis darauf, dass er ihre Haltung und ihr Handeln angenommen hatte.

📖 📖 📖

☞AT4: **3. Mose**

Im 3. Buch Mose ist das Schlüsselkonzept „Heiligkeit". Gottes Volk ist aufgrund des Gehorsams den Geboten Gottes gegenüber zum Dienst für Gott ausgesondert.

Das Opfersystem, das uns in den Kap. 1-7 beschrieben wird, offenbart uns die Gnade *Jahwes*. Er ist heilig, abgesondert von seinem Volk. Und dennoch zeigt er einen Weg, wie sein Volk heilig sein kann und dadurch auch zur Gemeinschaft mit ihm fähig ist. Dieses Konzept zieht sich durch das ganze Buch hindurch. Viele Gebote werden mit dem Satz auf den Punkt gebracht: „Ihr sollt heilig sein, denn ich bin heilig."

Das erste Ereignis betrifft die Priesterschaft. Innerhalb des heiligen Volkes wurde eine Gruppe geschaffen, die heilig sein sollte, um dem heiligen Gott zu dienen (3Mose 8-9). Aber schon bald nach ihrer Einweihung als Priester zeigten Nadab und Abihu ihre Geringschätzung gegenüber der Heiligkeit Gottes, indem sie unheiliges Feuer und unheiligen Weihrauch opferten (3Mose 10). Daraufhin verteidigte *Jahwe* seine Heiligkeit, indem er sie mit demselben Feuer vernichtete, das noch am Tag vorher das Brandopfer angenommen hatte (10,2; 9,24). Das dritte Ereignis beschreibt *Jahwe*, wie er wieder seine Heiligkeit schützt, indem er den Tod des Mannes forderte, der seinem Namen geflucht hatte (24,10-23).

Wenn man 3Mose liest, staunt man über die Vertrautheit, mit der Gottes Namen gebraucht werden. *Jahwe* taucht 311-mal auf (im Verhältnis gesehen öfter als in 2Mose), und alle 52 Vorkommen von *Elohim* zeigen die persönliche Bundesbeziehung Gottes zu seinem Volk: „dein Gott" (40-mal), „sein Gott" (8), „ihr Gott" (4).

📖 📖 📖

☞AT5: **4. Mose**

Das 4. Buch Mose führt die Erzählung aus 2Mose fort und ist von Rebellion gekennzeichnet. Eine Schlüsseloffenbarung in diesem Buch ist die Gerechtigkeit und das Gericht *Jahwes*. Israels Versagen gegenüber *Jahwe* wird durch den Vergleich der folgenden Zahlen deutlich. In den vier Jahrhunderten von Jakob bis zum Auszug aus Ägypten wuchs allein die Zahl der Männer von 70 auf 625.550. Aber in den vier Jahrzehnten Wüstenzeit wuchs die Zahl nicht mehr, sondern sank auf 624.730 Männer.

Jahwe begrenzte sein Handeln in dieser Zeit aber nicht nur auf Gerichtshandeln; er handelte auch als Retter. Jedes Gericht betraf nur den Kern der Rebel-lion, die Mehrheit des Volkes wurde nicht getroffen. Das einzige Gericht, das ganz Israel betraf, war die 40jährige Wanderung und der Tod in der Wüste. Aber sogar dieses Gericht überlebte Israel als Nation, und eine neue Generation stand bereit, um das Land einzunehmen. Außerdem führte *Jahwe* sein Volk zum Sieg über Arad, Heschbon und Baschan (Kap. 21), verwandelte Bileams Fluch in Segen (Kap. 22-24) und rächte Israel an den Midianitern (Kap. 31).

Durch Gottes Gegenwart als Retter und Richter wird wieder die Dominanz des Namens *Jahwe* betont. Die meisten anderen Namen und Titel Gottes in 4Mose kommen in Bileams Weissagungen vor.

📖 📖 📖

☞AT6: **5. Mose**

Das 5. Buch Mose ist theologisch gesehen eines der wichtigsten Bücher der Bibel. Es erklärt die dynamische Beziehung zwischen *Jahwe* und seinem Bundesvolk: Er liebt es und handelt zu seinen Gunsten, damit es ihn liebt und ihm gehorcht. In 5Mose kommt der Name *Jahwe* (vor allem „*Jahwe*, dein Gott") im Verhältnis häufiger vor als in jedem an-deren Buch des Alten Testamentes. Es ist außerdem das Buch, aus dem Jesus am meisten zitiert hat.

In mehreren Abschnitten in 5Mose kommt das Herzstück des Gesetzes zum Ausdruck, wobei Kap. 6 mit Sicherheit der bekannteste Abschnitt ist. So wiederholte Jesus 14 Jahrhunderte später: „Wenn ihr mich liebt, werdet ihr meine

Gebote halten" (Joh 14,15). „Liebe" bedeutet in der Bibel und in anderen Texten des alten Vorderen Orients Treue oder Loyalität zwischen Bundespartnern, egal ob es sich um politische, eheliche oder religiöse Bündnisse handelt.

Israel drückte die Liebe zu seinem Gott im Gehorsam gegenüber den Geboten Gottes aus (6,4-9; 7,9; 10,12-11,1; 30,11-20). Darüber hinaus wirkte sich der Gehorsam nur zu seinem Besten aus. Im alten Bund verlängerte er das Leben (6,2), ließ die Nation wachsen (6,3) und brachte enorme Segnungen mit sich (7,12-16; 28,1-14).

Für manche von uns mag das verwirrend klingen, weil sie mit der Lehre aufgewachsen sind, das Neue Testament (besonders die Briefe des Paulus) lehre, dass es im alten Bund eine „Werkgerechtigkeit" gegeben habe, dass der alte Bund Verdammnis brachte und nicht aus Glauben war (z.B. Röm 9,32; 2Kor 3). Aber Paulus kritisiert nicht den alten Bund! Vielmehr kritisiert er solche, die Gehorsam über die Liebe stellen, als ob sie sich selbst einen Weg in die Beziehung mit Gott erarbeiten könnten. Das war niemals die Absicht des alten Bundes, aber unglücklicherweise wurde es zum Kennzeichen des Judaismus zur Zeit des Paulus.

5Mose lässt uns erkennen, dass *Jahwe* diesen Bund sowohl zu seiner eigenen Verherrlichung als auch zum Nutzen seines Volkes gedacht hatte: Weil *Jahwe* sein Volk liebt, kann es ihn lieben (7,7-11). Weil *Jahwe* gut ist, bringt sein Bund nur Gutes für sein Volk (6,2.18). Weil *Jahwe* gerecht ist, kann das Volk durch den Gehorsam Anteil an seiner Gerechtigkeit haben (6,25).

Wenn wir 5Mose lesen, können wir uns über Gottes Güte für sein Volk nur freuen. Wir verstehen, warum David sagen konnte: „Wie liebe ich dein Gesetz! Den ganzen Tag denke ich darüber nach" (Ps 119,97). Wir können Gott für die noch größeren Segnungen des *neuen* Bundes preisen, denn in dem neuen Bund gibt es keinen Fluch und keine Verdammnis für diejenigen, die in Christus Jesus sind (Röm 8,1)!

📖   📖   📖

☞AT7: Josua

Die ersten 14 Kapitel im Buch Josua schildern die Eroberung des Landes Kanaan in den Jahren 1406-1400 v.Chr., während Kap. 15-24 die Aufteilung des Landes unter die einzelnen Stämme beschreiben. Im Gegensatz zu 4Mose, das geschichtlich gesehen vorangeht, und dem nachfolgenden Buch der Richter betont Josua, dass *Jahwe* sein Volk segnet, wenn es ihm gehorcht. Aber Josua illustriert auch, dass nur ein wenig Ungehorsam schlimme Folgen haben kann. Obwohl das Volk Israel die Stadt Jericho eingenommen hatte, wurde es wegen der Sünde Achans von den Einwohnern der Stadt Ai geschlagen (Kap. 6-7). Die Israeliten erneuerten den Bund auf dem Berg Ebal und brachen ihn wieder, als sie einen

Bund mit den Gibeonitern schlossen (8,30-9,27). Sie eroberten fast das ganze Land, aber in jedem Stamm blieben Gebiete übrig, in denen sie den Widerstand der Bewohner nicht überwinden konnten (z.B. 15,63; 16,10; 17,12-13). Sie erlaubten den Kanaanitern, im Land zu bleiben, und das führte letztlich zur Abtrünnigkeit und Gesetzlosigkeit während der Zeit der Richter. Denn die Götter Kanaans kämpften gegen *Jahwe*, den Gott Israels, um das Volk Gottes für sich zu gewinnen.

Dieser Gedanke der Hingabe, der Liebe gegenüber *Jahwe*, wird durch die Ereignisse und die feierliche Rede in Kap. 22-24 betont. Wenn wir Josua lesen, sollten wir uns selbst überprüfen: Welche Bereiche unseres Lebens haben es immer noch nötig, überwunden zu werden, damit wir in unserer Liebe zu Gott wirklich aufrichtig sein können?

☐☐ ☐☐ ☐☐

☞AT8: **Richter**

5Mose hat ausführlich Segen und Fluch des Sinaibundes dargelegt: Segen für den Gehorsam dem Willen Jahwes gegenüber und Fluch für den Ungehorsam. Das Buch Josua illustrierte den Segen Gottes: Israel eroberte das Land durch den Glauben und nahm es mit Gottes Kraft ein. Richter dagegen illustriert nun den Fluch Gottes.

Josua beginnt und endet mit einer Mahnung an das Volk Israel: „Nehmt Leben und Segnungen für euch in Anspruch, indem ihr euch selbst Jahwe als eurem einzigen Gott und dem Gesetz als Jahwes Plan für Erfolg und Wohlstand hingebt." Im Richterbuch kehrt Israel schon bald immer wieder zu den Göttern der Nationen zurück; das Wort „Gesetz" taucht überhaupt nicht auf. Stattdessen lesen wir (17,6; 21,25): „Jeder tat, was recht war in seinen Augen", oder „was ihn recht dünkte" (Luther).

Im Buch Richter finden wir einen Kreislauf, wie er in Kap. 2,10-19 beschrieben wird: Das Volk verlässt Jahwe, um anderen Göttern nachzulaufen; Jahwe richtet es, indem er eine Nation benutzt, die es unterdrückt; das Volk tut Buße und schreit nach Rettung; Jahwe beruft einen Richter (einen militärischen und politischen Retter); das Land und das Volk haben wieder Frieden. Aber dieses Muster ist nicht nur ein Kreislauf – es ist eine abwärtsführende Spirale. Nach jedem vollständig durchlebten Kreislauf befindet sich das Volk eine Etage tiefer als vorher.

Der Verfall kann auch an den Richtern beobachtet werden. Die Linie beginnt mit Otniel. Sein einziger uns überlieferter Beitrag war ein militärischer Sieg, der vierzig Jahre Frieden brachte. Die Linie endet mit Simson, der Gottes Geboten nie gehorchte. Obwohl wir in Kinderstunden dazu neigen, Simson zu verherrlichen, war das einzig Gute an seinem Dienst in Israel, dass er viele Philister umbrachte, die sich ihm in den Weg gestellt hatten. Nur zweimal betete er, aber beide Male lediglich in eigenem Interesse (15,18-19; 16,28). Simsons Nachruf, „die Toten, die er mit seinem Tod tötete, waren zahlreicher als die, die er in seinem Leben getötet hatte" (16,30), könnte auch so ausgedrückt werden, dass er tot mehr wert war als lebendig – ein nüchterner Hinweis auf verschwendete gottgegebene Möglichkeiten. Die letzten fünf Kapitel des Richterbuches führen uns in die Zeit der frühen Königsherrschaft und damit zum 1. Samuelbuch (ca. 1050 v.Chr.). Sie sind gekennzeichnet von ekelerregenden Berichten über einen levitischen Götzendienst, über Vergewaltigung, Mord und Bürgerkrieg. Aber zwischen dem enttäuschenden Ende der Richter und dem bedrückenden Anfang von Samuel befindet sich das bemerkenswerte Buch Rut.

☞AT9: **Rut**

Während Israel den wahren Gott verließ, um falschen Göttern nachzulaufen (nämlich den Baalen der Kanaaniter), verließ Rut (eine Moabiterin), ihr Haus, ihr Land und ihre Götter, weil sie ihre Schwiegermutter Naomi und deren Gott *Jahwe* liebte.

Naomi liefert uns in Kap 1,20-21 den Schlüssel zum Verständnis des Buches. Sie und ihr Ehemann Elimelech verließen *Jahwe* und sein Land, um für sich selbst „Fülle" in Moab zu suchen. Aber *Jahwe* brachte Naomi zurück – ohne ihre Familie, „leer" und „bitter". Statt dessen wurde sie von Rut begleitet, die aufgrund ihres Charakters, ihrer Liebe zu Naomi und ihres Vertrauens zu *Jahwe* ihre „Fülle" in Boas findet. Das geschieht nicht nur dadurch, dass er ihr Nahrung gibt (Kap. 2), sondern auch dadurch, dass er sie heiratet und sie ein Kind von ihm bekommt (Kap. 4). Und Ruts Fülle fließt über zu Naomi.

In der Erzählung von Rut spielen Namen eine wichtige Rolle. In Bezug auf die Namen Gottes fällt auf, dass *Shaddai*, der normalerweise eine Quelle der Sicherheit und Fürsorge ist, Bitterkeit und Unglück bringt und dass der rettende Bundesgott *Jahwe* Leere und Kummer bringt (besonders in Rut 1,21-22). Bemerkenswert ist auch, dass Boas und seine Arbeiter sich gegenseitig im Namen *Jahwes* grüßen (2,4) – ein erstaunliches Glaubensbekenntnis im Dunkel der Richterzeit.

Diese wunderschöne Liebesgeschichte führt schließlich zum Thron Israels, denn Rut ist die Mutter von Obed, dem Großvater Davids.

☞AT10: **Samuel und Chronik**

Bis jetzt haben wir unsere Bibelabschnitte (abgesehen von Hiob) einfach in der traditionellen, kanonischen Folge der biblischen Bücher gelesen. Jetzt aber geht bald das Blättern los, wenn wir die Parallelberichte der Samuelbücher und

1Chronik zusammen mit den Psalmen lesen.

Die Bücher Samuel beginnen mit der Geburt von Samuel (ca. 1105 v.Chr.) und enden mit dem letzten Jahr der Regierung Davids (ca. 970 v.Chr.). Beim Lesen fällt uns der große Kontrast zwischen einzelnen Charakteren auf: die zwei Frauen Elkanas – die Nörglerin im Gegensatz zur Frau des Glaubens; der gottesfürchtige Samuel im Gegensatz zu den gottlosen Söhnen Elis; der auf das Geistliche gerichtete David im Gegensatz zu dem auf das Weltliche gesinnte Saul; bezeichnenderweise aber auch die Gottesfurcht Davids im Gegensatz zu seinen körperlichen Trieben.

Auffallend sind auch die Konflikte im theologischen Bereich. In Ri 2,11 wurden wir in den Konflikt zwischen *Jahwe*, dem Gott Israels, und Baal, dem Gott der Kanaaniter, eingeführt. Dieser Konflikt wächst in den Samuelbüchern, erreicht seinen Höhepunkt in dem Ereignis auf dem Berg Karmel, das in 1Kön erwähnt ist, und wird schließlich durch das Exil beendet. Als die Angehörigen des Volkes Israel ständig die Realität der Kraft *Jahwes* vergaßen, bis sie sogar die Bundeslade verloren (1Sam 4), stellte *Jahwe* seine Macht mitten unter den Philistern unter Beweis. Er riss ihre Götter nieder und erlegte dem Volk Plagen auf.

Nicht jedes Ereignis in den Samuelbüchern hat eine Parallele in den Chronikbüchern. Das liegt an ihren unterschiedlichen Perspektiven.

Viele Theologen glauben, dass Samuel und Könige von Propheten geschrieben wurden. Sie bekamen ihre Informationen aus den Annalen der Königshöfe in Juda und Israel und setzten sie zu einem Bericht zusammen. Dieser Bericht erklärt, wie Israels Weg ins Exil unvermeidlich wurde. Sie beschreiben die Könige Israels, besonders David, mit allen ihren Fehlern und Schwächen. Dadurch wird veranschaulicht, dass Gott ihren Glauben belohnt und ihre Rebellion richtet, sie dabei aber nie aufgibt.

Die Chronikbücher dagegen betonen die Glaubenshandlungen, ohne allerdings die Sünden dabei zu übersehen. Sie wurden wohl von Priestern geschrieben. Wie Esra und Nehemia ermutigten sie das Volk, Jerusalem wieder aufzubauen und sich auf den Plan Gottes auszurichten, den er mit seinem Volk hatte. Sie betonen eher die Erfolge anstatt die Misserfolge und gehen soweit, dass sie die Sünden Davids und die des rebellischen Nordreiches fast überhaupt nicht erwähnen. Die Samuel- und Chronikbücher unterscheiden sich auch in dem, was sie aus dem Leben Davids berichten.

Obwohl Samuel die Sünde Davids nicht beschönigt, ist doch Davids Vertrauen zu Gott offensichtlich. Das wird besonders in den großartigen Psalmen aus der Wüstenzeit deutlich, die in den Lesestoff eingeflochten werden. Wenn man diese hymnenartigen Schätze liest, kommt man ins Jubeln über der Tatsache, dass der Gott, der David geliebt, bewahrt und ihm vergeben hat, genau dasselbe für uns tut, nämlich durch Jesus Christus, den Messias.

📖 📖 📖

☞ AT11: **Psalmen**

Wenn es irgendeinen Teil des Alten Testamentes gibt, den alle Christen lesen sollten, dann sind das die Psalmen. In keinem anderen Buch der Bibel wird der Charakter Gottes klarer und spannender verkündigt. *Adonai*, „Herr", kommt 63-mal vor, Wörter für „Gott" 427-mal und der Name *Jahwe* 742-mal.

Das Wort „Psalm" bedeutet „Musik eines Saiteninstrumentes" bzw. „Musik, begleitet von einem Saiteninstrument", so wie sie David und andere Psalmisten gesungen und gespielt haben. Der hebräische Titel lautet allerdings „*tehillim*", was soviel wie „loben, preisen" bedeutet. Die Psalmen sind tatsächlich das Lobpreisbuch der Bibel.

Wörter, die wir oft benutzen, wie z.B. das Wort „preisen", stehen in der Gefahr, ihren tieferen Sinn zu verlieren. Schwere Wörter werden leicht, wenn sie einem oft begegnen. Tiefsinnige Wörter können aber emotionslos werden, wenn man sich an sie gewöhnt. Zum Beispiel sind wir schnell dabei „Preist den Herrn!" oder die hebräische Entsprechung „Halleluja!" zu sagen, wenn alles gut läuft und wir begeistert sind. Aber „Preist den Herrn!" zu sagen, ohne ihn dabei zu preisen, ist wie „Schließ die Tür!" zu sagen, ohne sie zu schließen. „Preist den Herrn!" ist ein Gebot; es verlangt eine Reaktion von uns!

Was also ist preisen? Wenn wir das hebräische Wort untersuchen, beginnen wir, den Inhalt zu verstehen. Der Teil *Hallelu-* ist ein Gebot im Plural mit der Bedeutung, dass wir gemeinsam etwas tun müssen, und zwar öffentlich. Darüber hinaus ist preisen aber nicht das gleiche wie danken. Die Bedeutung von *halal* ist, „etwas verkünden" oder „etwas bekannt machen", „über Gott sprechen", und nicht „Gott für etwas danken". Das Objekt des Preisens steht im Schlussteil – „-ja", der eine Abkürzung des Namens *Jahwe* ist.

Kurz gesagt: *„Preisen" bedeutet, die Eigenschaften und das Handeln Gottes in der Öffentlichkeit freudig bekannt zu machen.* Es ist das Reden darüber, wie Gott ist und was er tut. Das ist der Grund, warum David Gott preisen kann, obwohl er in einer verzweifelten Lage ist. „Preisen" bedeutet nicht, „Danke, Gott, für diese elende Situation!" zu sagen; vielmehr bedeutet „preisen" die Feststellung: „Gott ist gut und sieht mich auch in dieser elenden Situation." Die Bibel enthält keine Aufforderung nach dem Motto „Preist den Herrn trotz...!", sondern „Preist den Herrn, weil...".

Jeder der 150 Psalmen preist Gott. Und keiner bringt es besser auf den Punkt als Ps 113. Wer verdient Preis? Der Psalm beginnt und endet mit „Hallelu-*Ja*" – „Preist *Jahwe*!" Wann ist der angemessene Zeitpunkt, um *Jahwe* zu preisen? „Von nun an bis in Ewigkeit!" (V. 2). Wo sollte *Jahwe* gepriesen werden? „Vom Aufgang der Sonne bis zu ihrem Niedergang!" (V. 3) – vom Osten bis zum Westen. Mit anderen Worten: *Jahwe* verdient es, allezeit, an jedem Ort und in jeder Situation von seinem Volk gepriesen zu werden.

Ps 113 ist ein beschreibender Lobpsalm. Er ruft die Menschen auf, *Jahwe* für eine seiner hervorragenden Eigenschaften zu preisen – in diesem Fall, weil er sich vom Himmel herabneigt, um sein Volk zu erhöhen. Ps 142 dagegen ist ein Klagepsalm, ein Gebet um Rettung aus einer verzweifelten Situation. David lehrt uns, dass wir aus tiefstem inneren Aufruhr heraus zu Gott schreien können; wir dürfen absolut ehrlich sein, was unsere Gefühle und Nöte angeht. Aber er lehrt uns auch, dass wir den Charakter Gottes kennen müssen, damit unser Gebet in Übereinstimmung mit dem Willen und Handeln Gottes sein kann. Dann können wir unsere Bitten im Vertrauen und mit Gewissheit vor ihn bringen.

Ps 30 ist ein erzählender Lobpsalm, ein Hymnus, der Gottes Antwort auf die Bitte um Rettung preist. Er erinnert an die tiefe Not, aus der David um Hilfe schrie. Er erinnert aber auch an die Treue, mit der Gott antwortete; Treue nämlich seinem eigenen Charakter gegenüber, aber auch Treue in seiner Beziehung zu David. Der Psalmist ruft alle Hörer auf, Gott beständig für seine Güte und Barmherzigkeit zu preisen.

Als *Jahwe* in 2Mose 3 seinen Namen offenbarte, erklärte er: „Das ist für immer mein Name, der Name, mit dem ich von Generation zu Generation in Erinnerung bleiben werde" (V. 15). Wenn wir Gott preisen, erinnern wir uns an ihn. Wenn wir uns an ihn erinnern, vermeiden wir den Fehler Israels (der besonders im Richterbuch sichtbar ist), nämlich Gott zu vergessen und zu verlassen. Kein Wunder, dass „Halleluja" der häufigste Befehl in der Bibel ist.

Um hier nicht stehen zu bleiben, müssen wir Davids Rat beherzigen und uns völlig mit Gott und seinem Handeln vertraut machen. Wir haben damit begonnen, indem wir in diesem Jahr die ganze Bibel lesen. Nach dem Lesen kommt das Studieren. Wir sollen nicht bei der Auflistung der Hauptnamen und Titel Gottes stehen bleiben (siehe Seite 7), sondern darüber hinaus nach den Eigenschaften Gottes suchen. Wir können eine eigene Liste von Eigenschaften Gottes zusammenstellen – sozusagen unsere eigene biblische Theologie über den Charakter Gottes – und sie dann auswendig lernen. Dann werden wir bei unserem Danken und Bitten fähig sein, wie David zu beten: mit Kenntnis über Gott und im Vertrauen zu ihm.

Mit Ps 5 beginnen einige „Psalmen der geängstigten Seele", sogenannte Klagepsalmen. Ps 1 führt eine Gruppe von Psalmen an, die Gerechtigkeit und Gottlosigkeit gegenüberstellen. Ab Ps 8 finden wir dann Psalmen der Freude und des Lobes. Gleichzeitig drücken einige Psalmen nach Ps 4 sehr unterschiedliche Gefühlsregungen aus, und die Psalmen nach Ps 2 sprechen über den Messias.

Wie immer sollten wir sehr sorgfältig auf den Gebrauch der Namen Gottes achten. In vollen Zügen können wir genießen, dass *Jahwe* „mein Hirte" ist (23,1), oder dass die gesegnetsten Leute diejenigen sind, deren Gott *Jahwe* ist (144,25).

Beim Lesen können wir nach folgenden Titeln Gottes Ausschau halten: König (20-mal), Stein (20), Retter / Rettung (19), Festung (16), *Jahwe* der Heerscharen / Gott der Heerscharen (14), Zuflucht (13), Schild (12), der auf dem Thron sitzt (11), Hilfe / Helfer (10), Kraft (9), Schöpfer (7), Feste (6), Erlöser (5),

Heiliger (4), Richter (3), liebender Gott (3), Anteil (3), Hirte (3), Ruheplatz (2), Vater (2), Herrlichkeit / Glanz (2), Mächtiger Jakobs (2) und Heiland / Erlöser (2). Die Zahlenangaben variieren natürlich je nach Übersetzung.

Irgendwann sollten wir einmal ein Projekt starten und andere Wörter herausfinden, die Gott in den Psalmen beschreiben. Adjektive wie „groß", „herrlich" und „gerecht" beschreiben Gottes Eigenschaften. Verben wie „retten", „richten" und „lieben" beschreiben seine Taten. Andere Substantive, die von Gott näher bestimmt werden, wie „der Zorn Gottes" oder „das Wort *Jahwes*", geben uns einen weiteren Einblick in seine Eigenschaften und in die Ergebnisse seines Handelns. All diese Namen, Titel und sonstigen Wörter über Gott bieten uns ein vielfältiges Bild von Gott, der immer da ist und bereit ist, zu unseren Gunsten zu handeln.

📖 📖 📖

☞AT12: **Könige** und **Chronik**

Hiermit kommen wir zu den Könige- und Chronikbücher, die den Übergang von David zu Salomo beschreiben. Nach dem Bau des Tempels und Salomos großartigem Gebet der Hingabe erneuerte *Jahwe* den Bund, den er mit David geschlossen hatte. Er versprach, Salomo für seinen Gehorsam reich zu segnen. Sollte er allerdings Ungehorsam zeigen, würde das Volk unter einem Fluch stehen – ein Prinzip, das uns ja schon bekannt ist.

Zuerst reagierte Salomo vorbildlich. Sein Reichtum und seine Weisheit wurden so legendär, dass Könige und Königinnen Tausende von Kilometern reisten, um sein Wohlwollen zu suchen. *Jahwes* Wunsch für sein Volk wurde in einem gewissen Maße Wirklichkeit, denn die Grenzen des Landes kamen nahe an die Grenzen heran, die in 4Mose und Josua verheißen worden waren. Das Land genoss Wohlstand und Frieden. Israel wurde zum Zentrum der Welt, ein Königreich auf Erden, das das himmlische Königreich widerspiegelt.

Während dieser Zeit sammelte und verfasste Salomo die 3000 Sprüche und 1005 Lieder, die ihm in 1Kön 5,12 zugeschrieben werden (in manchen Übersetzungen ist es 1Kön 4,32).

Wir müssen beachten, dass sich in den Chronikbüchern keine Parallele zu 1Kön 11 findet, wo von dem beginnenden Verfall der Herrlichkeit Salomos berichtet wird. Mit jeder Prinzessin, die zu Salomos Harem kam (das war übrigens eine Art und Weise, wie die Königshäuser miteinander Staatsverträge und Abkommen schlossen), fügte er auch einen weiteren konkurrierenden Gott zu *Jahwe* hinzu (1Kön 11). Schließlich waren es seine Frauen, die ihn vom rechten Weg abbrachten. Ähnlich wie in der Zeit der Richter schickte *Jahwe* Widersacher gegen Salomo, als er die Hingabe zu *Jahwe* nicht mehr ernst nahm. Mit dem Ende Salomos war auch die Einheit des Königreiches zu Ende. Im Buch der Könige sind die Geschichten Israels im Norden und Judas im Süden ineinander verwoben. Es berichtet von Erfolg und Versagen der Könige beider Reiche. Dagegen wird von den Chronikbüchern der Norden nicht berücksichtigt; über die meisten Könige Judas wird sehr viel Gutes berichtet, dagegen fällt über die Könige des Nordens kein gutes Wort.

Wegen dieser unterschiedlichen Berichterstattung werden wir zwar von allen Königen Judas Parallelberichte lesen, aber das Reich Israel und (aufgrund ihres Wirkens dort) Elia und Elisa werden nur in Könige ausführlich behandelt. In diesem Zusammenhang ist es wichtig, in 1Kön 18 die Auseinandersetzung zwischen *Jahwe* und Baal auf dem Berg Karmel als Höhepunkt des Konfliktes der wahren Gottesverehrung mit dem Götzendienst zu beachten.

Später in der Geschichte Israels (835 v.Chr.), nämlich als Joas auf den Thron kam, kehren gerade die Chronikbücher seine Gottlosigkeit im späteren Abschnitt seiner Regierungszeit hervor. Das liegt wohl daran, dass die Chronikbücher wahrscheinlich von Priestern aufgezeichnet wurden; denn die größten Sünden des Joas bestanden darin, den Tempel zu vernachlässigen, ja sogar aufzugeben und Sacharja (einen Priester) zu ermorden.

Der einzige bemerkenswerte König des Nordreiches im letzten Jahrhundert der Existenz Israels war Jerobeam II (er wird natürlich nur in Könige erwähnt). Seine vierzigjährige Regierungszeit (793-753 v.Chr.) führte zu beispiellosem Frieden und Wohlstand, aber auch zu beispielloser Habgier und Abgötterei in den höheren Gesellschaftsschichten. Die Ich-Bezogenheit dieser Generation war der Anlass für die vielen harten Prophezeiungen der Propheten Hosea, Amos und Jona.

In Juda konnten sich selbst die guten Könige wie Joas, Amazja, Usia (Asarja), Jotham und sogar Hiskia und Josia nicht mit David messen und dem Maßstab entsprechen, den er gesetzt hatte. Und die gottlosen Könige wie Ahas, Manasse und Amon stürzten Juda schließlich ins Verderben, was zum babylonischen Exil im Jahr 586 v.Chr. führte. Damit folgten sie dem Nordreich, das 722 v.Chr. nach Assyrien ins Exil geführt worden war.

📖 📖 📖

☞AT13: **Sprüche**

Mit dem Buch Hiob wurden wir schon in das Konzept der „Weisheitsliteratur" eingeführt. Allen Kulturen ist es gemeinsam, dass Weisheitsliteratur den Versuch von Menschen darstellt, Gottes Schöpfung zu beobachten, ihre Ordnung und Funktion zu erkennen und diese Beobachtungen zu prägnanten und merkbaren Aussagen über die Wahrheit zusammenzufassen. Weil Gott ein Gott der Ordnung ist, gibt es auch eine Ordnung im Universum, die erkannt und beschrieben werden kann.

In der Weisheitsliteratur merken wir wie sonst nirgendwo: alle Wahrheit ist Gottes Wahrheit. Einzigartig in den Sprüchen ist die Furcht *Jahwe*s, die der

Beginn der Weisheit und das Motto des Buches ist (1,7).

Furcht *Jahwes* bedeutet nicht, Angst vor Gott zu haben, sondern ihn zu verehren und Ehrfurcht vor ihm zu haben. Wer *Jahwe* fürchtet, will ihm ähnlich werden. Daher ist auch ein Aspekt dieser Furcht, sich vom Bösen abzuwenden (8,13). Ein anderer Aspekt ist, in der Kenntnis über Gott und in der Vertrautheit zu ihm zu wachsen (9,10). Eine Folge der Furcht *Jahwes* ist ein erfolgreiches Leben (10,27; 19,23). Während sich zwar andere Weisheitsliteratur wahrheitsgemäß mit Gottes Schöpfung beschäftigt, beschäftigt sich nur Israels Weisheit wahrheitsgemäß mit Gott selbst.

Die Sprüche versorgen uns mit Erfahrungen und Beobachtungen in konzentrierter „Tablettenform". Sie sprechen von Verhaltensmustern und weniger von Vollkommenheiten. Obwohl die Sprüche manchmal so einfach erscheinen, haben sie doch versteckte Zusammenhänge und Ausnahmen.

Bei uns gibt es ein Sprichwort, das sagt: „Gleich getan ist viel gespart!" Stimmt das? Ja – es bringt das zweite Gesetz der Thermodynamik gut auf den Punkt, nämlich dass Dinge eher dazu neigen, auseinander zu fallen, als zusammen zu kommen. Aber lehrt es gleichzeitig, dass alles, was nicht sofort getan wird, später unverhältnismäßig mehr Aufwand mit

sich bringt? Natürlich nicht! Es bedeutet lediglich, dass Dinge eher schlimmer werden als besser.

Obwohl wir weltliche Sprichwörter nicht wie absolute Zusagen behandeln, tendieren wir doch dazu, es mit biblischen Sprichwörtern zu tun. Aber die Sprüche selbst warnen uns davor. Dem Spruch: „Antworte dem Toren nicht nach seiner Narrheit" (26,4) folgt sofort der nächste: „Antworte dem Toren nach seiner Narrheit" (26,5). Haben wir es hier mit einem Widerspruch zu tun? Nein, wir haben verschiedene Situationen. Das erste Sprichwort sagt aus, dass wir in der Gefahr stehen, uns dem Toren gleich zu machen, wenn wir ihm nach seiner Narrheit antworten. In einer anderen Situation aber muss man dem Toren nach seiner Narrheit antworten, damit er zurückgewiesen wird und sich nicht für weise hält.

Wären die Sprüche ein Buch von absoluten Verheißungen, dürfte es nicht die Bücher Hiob oder Prediger geben. So wie die Sprüche den Normalzustand der Schöpfung Gottes mitteilen, beklagen Hiob und Prediger die Ausnahmen. Weil Gottes perfekte Schöpfung durch die Sünde ruiniert wurde, funktioniert auch nicht immer alles so, wie es eigentlich sollte. Aber trotz der Ausnahmen wird uns immer noch empfohlen, Gott zu fürchten und seine Gebote zu halten, denn das soll jeder Mensch tun (Pred 12,13).

📖　📖　📖

☞AT14: **Hohelied**

So wie das Allerheiligste im Tempel Salomos der heiligste aller Plätze der Erde war, so ist das Hohelied das großartigste

aller Lieder Salomos. Es preist ohne jede falsche Scham die Liebe in der Einehe, die Liebe zwischen einer Frau und einem

Mann. Es gibt Dutzende von verschiedenen Auslegungen, wie man die Handlung und Entwicklung dieser Dichtung zu verstehen hat. Aber ein Punkt ist klar: die beste Liebe ist eine treue Liebe, die sich nicht von Macht und Reichtum verführen lässt. Auch wenn das Hohelied keine Namen Gottes gebraucht, ist es passend, dass die Rabbis das Lied als ein Bild für *Jahwe*s Liebe zu Israel verstanden; und die Kirchenväter sahen darin die Liebe Christi für seine Gemeinde, denn egal ob auf der weltlichen oder der geistlichen Ebene – Liebe ist Treue.

☞AT15: **Prediger**

Das Buch Prediger wird traditionell Salomo in seinen letzten Jahren zugeschrieben. Es wird gewöhnlich als eine pessimistische und sogar weltliche Betrachtung der Sinnlosigkeit des Lebens verstanden. Aber in Wirklichkeit liefert uns Prediger gründliche und einzigartige Informationen über die Natur des wahren Glücks.

Der „Lehrer" oder „Prediger", der diese Dichtung verfasst hat, beschreibt das Leben „unter der Sonne" als bedeutungslos, als „Eitelkeit" und „Hauch". Er probiert alle möglichen Wege „unter der Sonne" aus, um Bedeutung und Glück zu finden, fand aber nichts als Mühe. Er bezieht sich nur mit dem allgemeinen Namen *Elohim* auf Gott, niemals aber mit dem Bundesnamen *Jahwe*, der – ohne Gottes Selbstoffenbarung – „unter der Sonne" nicht erkannt werden kann.

Der Lehrer war ungewöhnlich aufmerksam. Er konnte die Ausnahmen in der Weisheit nicht übersehen: Der Gerechte stirbt jung, Diener beherrschen die Herren, der Gottlose entkommt seiner Strafe. Daraufhin versuchte er, einen Weg „unter der Sonne" zu finden, wie er leben könnte, ohne den Gott zu ehren, der „über der Sonne" ist, der die Welt geschaffen und seinen Willen offenbart hat. Aber jeder dieser Wege endete in einer Sackgasse.

Schließlich erkannte der Lehrer nach allem seinem Suchen, dass es tatsächlich genügend Gutes gibt: Gott hat den Menschen sehr viel zum Genießen gegeben. Die Vorteile der normalen Gesetzmäßigkeiten überwiegen die anscheinenden Ungerechtigkeiten der Ausnahmen. Daher zieht er die Weisheit der Narrheit vor, die Disziplin der Ausschweifung und den Gehorsam gegen Gott der Ich-Bezogenheit.

Wir können nicht alle Absichten Gottes „unter der Sonne" begreifen, aber wir können darauf vertrauen, dass er gut ist und dass sein Wille letztlich den Sieg davontragen wird. Wenn wir uns ebenfalls eher auf die Gesetzmäßigkeiten als auf die Ausnahmen konzentrieren, werden wir das Leben so genießen können, wie es von Gott gedacht ist.

☞AT16: **Joel**

Die Datierung von Joel schwankt zwischen dem neunten und dem vierten Jahrhundert v.Chr.! Niemand ist sich wirklich sicher, denn es gibt in dem Buch nur sehr wenige historische Informationen.

Eine Sache ist allerdings sicher: durch Joel erklärt *Jahwe*, wie wichtig der Gottesdienst ist, der im Geist und in der Wahrheit gefeiert werden soll, nämlich so wie Gott es vorschreibt. Israel hatte aufgehört zu opfern und besuchte den Tempel nicht mehr in angemessener Weise. Daher schickte Gott eine Heuschreckenplage, um die Ernte des Landes zu vernichten. Als das Volk den Schaden bemerkte, wurde ihm klar, wie sehr es *Jahwe* vernachlässigt hatte.

In erster Linie wurden Prediger, also die Propheten, von Gott gesandt, um ihre Zeitgenossen zum wahren Leben zurück zu rufen, indem sie das Gesetz verkündigten. Das war auch Joels ursprüngliche Botschaft an seine Zeitgenossen. Wenn wir heute vom „Tag des HERRN" in Joel lesen, finden wir das aufregend, weil wir an Pfingsten oder an die Endzeit denken. Aber wenn wir jetzt darin einsteigen, die Propheten zu lesen, dürfen wir nicht übersehen, was Joels Predigten – und die der anderen Propheten – für seine eigene Generation bedeuteten. Wir dürfen nicht so zukunftsorientiert sein, dass wir die Möglichkeit eines gegenwärtigen Nutzens verpassen.

📖   📖   📖

☞AT17: **Die vorexilischen Propheten**

Während der zweieinhalb Jahrhunderte von Joasch bis zu Israels Exil standen die Propheten als Wächter und Verkündiger von Gottes Willen ziemlich alleine da. Heute neigen wir dazu, die Propheten wegen ihrer Zukunftsprophetien zu lesen, denn „Prophetie" bedeutet für uns oft nur „Vorhersage". Die biblische Prophetie ist aber weniger Vorhersage als Verkündigung. Ein Prophet war ein Prediger, der von Gott dazu ernannt worden war, Israel und Juda zurechtzuweisen, weil sie den Bund mit *Jahwe* gebrochen hatten. Der Prophet sollte sie vor den Konsequenzen des fortgesetzten Ungehorsams warnen und sie an die versprochenen Segnungen für die Treue gegenüber *Jahwe* und seinem Bund erinnern.

Genau wie sich die schwer zu datierende Prophetie von Joel einer Heuschreckenplage bediente, um noch andauernde und zukünftige Gerichte *Jahwes* zu beschreiben, ist das Buch **Jona** eingerahmt von „natürlichen" Ereignissen mit übernatürlichen Ursachen.

2Kön 14,25 deutet darauf hin, dass Jona die unglaubliche Größe und den Erfolg des Königreichs von Jerobeam II. verkündigt hatte. Vielleicht hatte Jona sich auch selbst in den Wohlstand und die Selbstgefälligkeit hinein bestochen (dieser Lebensstil wurde von den höheren Gesellschaftsschichten genossen), und war daher nicht bereit, *Jah*wes Botschaft der Errettung nach Ninive zu bringen. Aber Gott bewegte buchstäblich Himmel und Erde, um seinen Propheten und seine Botschaft nach Ninive zu bringen – und dabei rettete er alle, denen Jona unterwegs begegnete.

In der Zwischenzeit prophezeiten **Hosea** und **Amos** im Nordreich (760-720 v.Chr.). Hoseas qualvolle Ehe mit der Hure Gomer zeigt bildhaft, mit wie viel Leid *Jahwe* so lange dem Volk Israel die Treue hielt, das ihm untreu war. Kap. 4-14 ist eine Klage gegen Israel, weil es den Bund gebrochen hat. Und obwohl „keine Treue, keine Liebe und keine Erkenntnis Gottes im Land ist" (4,1), bleibt *Jahwe* doch treu in seiner Liebe und dem Bekenntnis zu seinem Volk. Obwohl es durch das Exil gezüchtigt werden musste, wird *Jahwe* es wiederherstellen.

Im Buch Amos geht es fast ausschließlich um Gottes Gerichtshandeln gegen Israel. Amos klagt an, dass sich Israel von *Jahwe* abgewendet hat, um Götzen nachzulaufen und dass es die Armen und Bedürftigen unterdrückt. Bei Amos ist die Lieblingsbezeichnung für Gott *Adonay Jahwe* („Herr, HERR" oder „Herr, mein Gott"), was betonen soll, dass der Bundesgott nicht nur ein vertrauter Retter ist, sondern in gleicher Weise der souveräne Herr. Das einzige Hoffnungslicht leuchtet am Schluss des Buches auf (Am 9,11-15), wenn Gott nicht nur verheißt, dass Israel und sein König wiederhergestellt werden sollen, sondern auch, dass er alle Nationen zusammenrufen wird, die seinen Namen tragen. Es ist der Abschnitt der Schrift, der den ersten Christen zeigte, dass auch die Heiden zu Christus kommen können, ohne jüdische Proselyten werden zu müssen (Apg 15,16-17).

Jesaja und **Micha** waren Zeitgenossen (740-685 v.Chr.), die in Juda ihren Dienst taten. Jes 2,1-4 und Micha 4,1-3 sind sogar identisch. Beide sagten Gericht aber auch Hoffnung für Juda voraus, sowohl vor als auch nach der Wegführung Israels nach Assyrien.

Michas Urteil konzentriert sich auf die Führungsschicht in Juda, und zwar auf die Propheten, Herrscher, Ältesten und Priester. Er stellt ihre Ausbeutung der Herde *Jahwe*s dem Verhalten des Guten Hirten gegenüber, der mit Kraft und in Frieden herrschen wird (Mi 5,1-5). Micha fasst kurz und knapp zusammen, wie ein gottesfürchtiges Leben aussieht: „Man hat dir mitgeteilt, o Mensch, was gut ist. Und was fordert *Jahwe* von dir, als Recht zu üben und Güte zu lieben und demütig zu gehen mit deinem Gott?" (Mi 6,8).

Im Buch Jesaja sind die messianischen Prophetien (wie z.B. in Kap. 53) am besten bekannt. Aber der größte Teil seiner Botschaft war dazu gedacht, Juda vom Kollisionskurs auf das Exil-Gericht hin abzubringen. Die Kap. 40-66 beschreiben die Erwartung der nachexilischen Wiederherstellung und betonen die Überlegenheit *Jahwe*s gegenüber den Göttern der anderen Völker. Diese Kapitel weisen hin auf die Botschaft und den Dienst seines geistgesalbten Knechtes, der für die Sünden der Völker leiden und sterben würde, außerdem auf die Notwendigkeit, *Jahwe* zu seinen Bedingungen zu suchen, um in sein Königreich hineinkommen zu können.

Fast ein Jahrhundert später prophezeite **Zefania** (wie schon Joel) von der kommenden Zerstörung am Tag *Jahwes*, wenn *Jahwe* die Gottlosen unter den Völkern und die Aufrührer aus Israel und Juda richten wird. Nur wer *Jahwe* sucht, wer nach Gerechtigkeit und Demut strebt, wird an diesem Tag sicher und geborgen sein (Zef 2,3). Seine Botschaft hatte mit Sicherheit Einfluss auf Josia (640-609 v.Chr.), dessen Reformen nur noch von König Hiskia übertroffen wurden.

Jeremias Dienst erstreckte sich über die Generation von Josia bis zum Exil (627-580 v.Chr.). Im Gegensatz zu den anderen Propheten ermutigte er die Herrscher und das Volk Judas, sich der Züchtigung *Jahwes* unterzuordnen und sich den in Juda einfallenden Babyloniern zu ergeben. Jeremia berichtet mehr Biografisches als jeder andere Prophet, ausgenommen Daniel. Sein Leben spiegelt unglaubliche Anstrengungen und Spannungen wider. Er war bestimmt zum Dienst für Gott, trotz einer schwierigen Botschaft und einem widerstrebenden Volk, trotz Schmerzen und Verfolgung.

Nahum und **Habakuk** prophezeiten in den letzten Tagen des Südreiches Juda. Nahum genoß den wohlverdienten Niedergang Ninives und des assyrischen Weltreiches (612 v.Chr.) in vollen Zügen, denn die Assyrer hatten Israel und alle anderen Völker mit Grausamkeiten ge-

quält. Auf der Grundlage von 2Mose 34,6-7a hatte Gott ihnen in den Tagen Jonas vergeben (Jona 4,2), aber aufgrund von Vers 7b würde *Jahwe* nun die Schuld nicht ungestraft lassen (Nahum 1,3).

Habakuk ist bekannt für den Satz: „Der Gerechte wird durch seinen Glauben leben" (2,4), der auch in Röm 1,17, Gal 3,11 und Hebr 10,37-38 zitiert wird. Der Prophet konnte nicht verstehen, warum der heilige und gerechte *Jahwe* Juda zusammen mit einer viel gottloseren Nation richten konnte. *Jahwe* antwortete, dass er sowohl sein Volk als auch ihre Bedrücker für ihre Gottlosigkeit gerecht richten wird. Habakuk lernte eine Lektion, die auch für uns heute von immenser Bedeutung ist: Selbst wenn wir in schweren Zeiten keinen Beweis für die Fürsorge oder Kontrolle Gottes haben, lebt der Gerechte immer noch durch seine Treue zu Gott und durch das Vertrauen in Gottes Treue.

Daniel und **Hesekiel** wurden mit den ersten Deportationen nach Babylon gebracht, als Nebukadnezar 605 und 597 v.Chr. in Juda einfiel. Daniel und seine Freunde waren ein Beispiel dafür, dass Gott auch dann diejenigen gesegnet hat, die treu zu ihm und seinem Bund standen, wenn sie weit entfernt von ihrem gottgegebenen Land lebten.

Hesekiel verkündete *Jahwes* Heiligkeit und Herrlichkeit; er betonte die Notwendigkeit, Buße zu tun und sich allein auf *Jahwe* zu verlassen, damit der Bund, der Tempel und die Herrlichkeit nach dem Exil wiederhergestellt werden könnte. Hesekiel gebrauchte *Adonai* 219-mal und damit öfter als alle historischen und prophetischen Bücher zusammen. Damit zeigt er, dass *Jahwe* die absolute Kontrolle hat, selbst wenn sein Volk nun im Exil ist und sein Name viel Schande ertragen muss. So sicher wie er sein Volk gerichtet hat, wird er es wiederherstellen und seine Feinde zu gegebener Zeit richten.

Zwei Bücher folgen dem Fall Jerusalems im Jahre 586 v.Chr.: **Klagelieder** und **Obadja**. Wie der Titel erkennen lässt, sind die Klagelieder eine Klage über den Fall Jerusalems. Die ersten vier der fünf Kapitel sind in Akrostichons aufgebaut, d.h. jeder Vers beginnt mit jeweils dem nächsten Buchstaben des hebräischen Alphabetes. Das könnte ein Hinweis darauf sein, dass das Buch auswendig gelernt werden sollte, damit man niemals die Schmerzen des Gerichtes Gottes und dessen Ursache vergessen würde.

Obadja sah das Gericht Gottes an Edom voraus, denn die Nachkommen Esaus hatten ihrem Bruder Jakob Gewalt angetan, indem sie den einfallenden Babyloniern geholfen hatten, Juda zu zerstören und zu versklaven. Edoms Zerstörung wurde als Beispiel für den Tag *Jahwes* gesehen, der allen Feinden des Volkes *Jahwes* das Gericht bringen wird.

📖   📖   📖

☞AT18: **Hesekiel**

Das Buch Hesekiel beginnt nicht nur mit einer atemberaubenden Offenbarung der Herrlichkeit Gottes, sondern auch mit einer herzzerreißenden Vision, in der sich diese Herrlichkeit Gottes aus dem Tempel mitten in Israel entfernt. In seiner Beschreibung vom wiederhergestellten Tempel geschahen diese Ereignisse dann in umgekehrter Reihenfolge: Hesekiel sah, wie die Herrlichkeit zurückkehrte, um sich nie wieder zu entfernen (Kap. 43). In der letzten Zeile des Buches wird Jerusalem ein neuer Name gegeben: „Hier ist *Jahwe*!"

Hesekiel weist viele Verbindungslinien zum Buch der Offenbarung auf: die Vermessung und Beschreibung der Stadt und des Tempels (Hes 40-48; Offb 21), die bleibende Herrlichkeit Gottes (Hes 43,1-5; Offb 21,22-27), der Fluss, der im Tempel entspringt, die Bäume der Heilung (Hes 47,1-12; Offb 22,1-2) und die Gedanken, die hinter folgenden Zitaten stehen: „Hier ist *Jahwe*!" (Hes 48,35) und „Die Hütte Gottes bei den Menschen! Und er wird bei ihnen wohnen!" (Offb 21,3).

📖   📖   📖

☞AT19: **Könige** und **Jeremia**

Unsere letzten Leseabschnitte aus Könige und Jeremia sind identisch. Die letzten vier Verse sind dabei außerordentlich bedeutsam. Beide Bücher haben zugleich eine prophetische und eine gerichtliche Ausrichtung. Beide betonen auch, dass das Königreich Juda nur wegen der Beziehung *Jahwes* mit David (2Sam 7; vgl. 1Kön 8,25) so lange bestehen konnte, wie es bestanden hat. Beide Bücher beschreiben das Exil von Gottes erwähltem Volk und enden mit Jojachin, dem letzten König von Juda, der noch im Exil aus dem Gefängnis entlassen wurde (2Kön 25,27-30; Jer 52,31-34).

Auf der Grundlage des alten Bundes richtet Gott sein Volk gerecht; auf der Grundlage des davidischen Bundes hat Gott seinen König aber trotzdem nicht vergessen. Weil Gott seinem Wort treu bleibt, kann sein Volk darauf vertrauen, dass er es aus dem Exil wieder zurückbringen wird (Jer 25,8-14).

📖 📖 📖

☞AT20: **Daniel**

Daniel und seine Freunde, die in Babylon im Exil lebten, wurden von Gott für ihre anhaltende Treue zu ihm und seinem Bund gesegnet. Gott segnete sie, indem er sie in ihrer Stellung am Königshof aufsteigen ließ und ihr Leben beschützte (was an Joseph in Ägypten erinnert). Daniels Dienst dauerte über das Ende des babylonischen Weltreiches hinaus bis zu der Zeit, als Persien zur Weltmacht wurde. Wie Mordechai und Ester ist auch Daniel nie ins verheißende Heimatland zurückgekehrt.

In Daniel sind wieder die Bedeutungen hinter den Namen Gottes wichtig: Der Gott Israels ist Gott, der Allerhöchste, der Gott aller Götter und der souveräne Gott, der über alle Nationen herrscht. Auch die theologische Bedeutung der Namen Daniels und seiner Freunde ist beachtenswert: Daniel, „Gott ist Richter", wird zu Beltschazar, „Bel schützt sein Leben"; Hananja, „*Jahwe* ist gnädig" wird zu Schadrach, evtl. „Befehl des Aku"; Mischael, „Wer ist

wie Gott?" wird zu Meschach, „Wer ist wie Aku?" und Asarja, „*Jahwe* ist meine Hilfe" wird zu Abed-Nego, „Knecht Negos". Während die ursprünglichen Namen ein Bekenntnis zu *Jahwe*, dem Gott Israels, waren, bezogen sich die neuen Namen auf andere Gottheiten (Bel, Aku, Nego).

Obwohl die Interpretation der Chronologie von Daniels Visionen Ursache vieler Spekulationen und unterschiedlicher Meinungen gewesen ist, können wir in der Grundaussage, die Gott macht, sicher sein: Seine Königsherrschaft ist über alle menschlichen Königreiche erhaben. Auch die Anwendung können wir uns zu Herzen nehmen: Gott belohnt Treue mit Leben und Gerechtigkeit. Manche Diener Gottes werden in Verfolgung bewahrt und retten ihr Leben, wie Daniel und seine Freunde; andere müssen zwar in der Verfolgung sterben, werden aber zum ewigen Leben auferweckt.

📖 📖 📖

☞AT21: **Nachexilische Geschichtsschreibung** und **Prophetie**

Ähnlich wie Könige und Jeremia mit der Hoffnung im Exil enden, endet Chronik und beginnt **Esra** mit dem gleichen Bericht vom Ende des Exils. Im Jahre 538 v.Chr. entließ König Kyrus von Persien alle Gefangenen der Babylonier, und 49.697 Israeliten konnten unter Scheschbazar, Serubbabel und Jeschua in ihr Land zurückkehren. Im folgenden Jahr legten sie den Grundstein für den Tempel. Aber der Widerstand der Feinde war so groß, dass sich die Israeliten einschüchtern ließen und den Bau für 16 Jahre stoppten.

520 v.Chr. verkündigte **Haggai** vier Botschaften an das Volk. In der ersten tadelte er es dafür, dass es seine eigenen Häuser täfelte, während *Jahwes* Tempel als Ruine brach lag. *Jahwe* der Allmächtige würde seinen Segen zurückhalten, bis das Volk seiner Gegenwart Ehre erweisen würde. Noch im selben Monat nahmen die Israeliten die Arbeit wieder auf.

In der zweiten Botschaft, einen Monat später, versprach *Jahwe*, seine Herrlichkeit wieder im Tempel erscheinen zu lassen, die Linie Davids neu einzusetzen (indem Serubbabel, ein Nachkomme Davids, Statthalter wurde) und die Priesterschaft wiederherzustellen (indem Jeschua zum Hohenpriester eingesetzt wurde).

Die dritte Botschaft entsprach der ersten. Haggai bedrängte Israel, sich daran zu erinnern, was für ein Gegensatz bestand zwischen der Zeit, als der Segen ausblieb, weil das Volk es unterlassen hatte, den Tempel weiter zu bauen, und der Zeit, als sie durch ihren Gehorsam die Fülle des Segens erfahren hatten.

Die vierte Botschaft entsprach der zweiten. Haggai verkündigte, dass Gott die Treue zu seinem Bund mit David bewahrt hatte, indem er in Serubbabel Davids Nachkommen als Herrscher über sein Volk erhalten hatte.

Sacharjas Prophetien begannen zwischen Haggais zweiter und dritter Botschaft. Mit ihren acht symbolischen Visionen von der Wiederherstellung und vom Gericht sind sie inhaltlich parallel aufgebaut (Kap. 1-6). Wie in Haggai wird in Sacharja betont, dass Gott sein Volk, seinen König und seine Priester wieder einsetzen wird. Aber Sacharja entlarvte außerdem die menschlichen und geistlichen Feinde Gottes und seines Volkes und kündigte ihr Gericht an.

Vier Jahre später verkündete Sacharja *Jahwes* Zurechtweisung: Das Volk fastete, weil es im Selbstmitleid versank. *Jahwe* aber erwartete freudiges Lob und soziale Gerechtigkeit in seiner wiederhergestellten Gemeinde.

Die zwei undatierten Weissagungen am Schluss des Buches gehören zu den am häufigsten zitierten Passagen des Alten Testamentes.

☞AT22: **Ester, Esra** und **Nehemia**

Die Ereignisse aus dem Buch **Ester** fallen in die Jahre 483-473 v.Chr. Wie im Buch Rut wird Gott auch im ganzen Buch Ester als derjenige beschrieben, der in der Geschichte Israels souverän wirkt. Im Gegensatz zu Rut, die eine Moabiterin im Land Israel war, ist Ester eine Israelitin außerhalb ihres Heimatlandes.

Ebenfalls anders als im Buch Rut, in dem die Namen Gottes (und anderer Personen) gebraucht werden, um die Ereignisse des Buches zu erklären, kommt im Buch Ester kein Name oder Titel Gottes vor. Gottes Handeln wird aber bei den vielen „zufälligen" Zusammentreffen und ungewöhnlichen zeitlichen Abstimmungen der Ereignisse sehr deutlich vorausgesetzt.

Mehr als irgendein anderes Buch in der Bibel beschreibt Ester das Handeln Gottes mit seinem Volk, so wie wir es auch heute erleben. Wir sehen Gott nicht, noch hören wir seine Stimme, aber wir sehen sein Wirken in allen Dingen, seien es große oder kleine.

Der Rest von **Esra** und das Buch **Nehemia** decken die Geschichte Israels von 458 bis 432 v.Chr. ab. So wie Serubbabel, Jeschua, Haggai und Sacharja den Tempel wieder aufbauten, setzten sich Esra und Nehemia dafür ein, den Gottesdienst und die Heiligkeit unter dem Volk Gottes wiederherzustellen. Beide griffen das Thema „Mischehen mit den umliegenden Völkern" auf, und beide konfrontierten das Volk mit diesem Bundesbruch. Nehemia verurteilte darüber hinaus die selbstgefälligen und gottlosen Praktiken der Priester und das Brechen des Sabbatgebotes.

Der größte Teil des Nehemiabuches handelt allerdings von dem Wiederaufbau der Mauern Jerusalems, der entgegen unglaublicher Widrigkeiten gelingt. Nehemias Verbindung zu Gott, seine furchtlose Hingabe an die Aufgabe, das Volk Gottes zu schützen und zu reinigen, und sein persönlicher Schreibstil, der das Gebet betont, erfrischen den Leser und machen ihn demütig.

📖 📖 📖

☞AT23: **Maleachi**

Maleachis Prophetien sind nicht datiert und könnten sogar anonym sein, denn „Maleachi" bedeutet nichts anderes als „mein Botschafter" (2,7; 3,1). Maleachi klingt wie ein vorexilischer Prophet, denn er verkündet mehr Gericht als Hoffnung.

Im Stil eines Dialoges behauptet *Jahwe*, dass sein Volk seine Liebe nicht erwidert hat und in ihren Ehen, Gottes-

diensten und im Zehntengeben seiner heiligen Gegenwart nicht die Ehre erwiesen hat. Daher wird der Tag *Jahwes* und der Botschafter seines Bundes wie auch schon zur Zeit Joels nicht Freude und Rettung bringen, sondern Gericht und Reinigung. Die alttestamentliche Geschichte endet mit der Erwartung Elias und seiner Botschaft der Wiederherstellung.

☞NT1: **Die Evangelien**

Mit einem Geschlechtsregister haben wir in unserem Bibelleseplan das Alte Testament abgeschlossen, und genauso werden wir im Neuen Testament beginnen. Wir können nur darüber staunen, wie Gott die Verheißungen seines Bundes mit David erfüllt. *Jahwe* hat versprochen, dass immer ein Nachkomme Davids auf dem Thron sitzen würde, und über die nächsten tausend Jahre können wir Generation für Generation eine ununterbrochene Liste der männlichen Nachkommen Davids nachvollziehen – die längste bekannte Liste dieser Art!

Auch wenn wir die Evangelien in mehr oder weniger chronologischer Reihenfolge lesen, ist keines der Evangelien eine chronologische Geschichtsschreibung oder Biografie im heutigen Sinne. Jedes Evangelium zeichnet auszugsweise ein Bild von dem Leben und den Lehren Jesu und fasst das Material für die speziellen Bedürfnisse eines bestimmten Publikums zusammen. Nur Johannes nennt ausdrücklich sein Ziel für die Auswahl und Zusammenstellung, nämlich „damit ihr glaubt, dass Jesus der Christus ist, der Sohn Gottes, und damit ihr durch den Glauben Leben habt in seinem Namen" (Joh 20,31).

Obwohl unser Wissen über Gott beim Lesen des Neuen Testamentes zunimmt, können wir nicht einen so großen und vielfältigen Gebrauch seiner Namen erkennen wie im Alten Testament. Wenn wir im *Alten* Testament „Gott" lesen, stehen dahinter die Worte *El* oder *Elohim*, die beide Gottes Macht wiederspiegeln. Wenn im *Neuen* Testament „Gott" steht, wird damit das griechische *theos* übersetzt. Es ist ein genereller Begriff für eine Gottheit, der keine besonderen Feinheiten ausdrücken will. „Herr" im *Alten* Testament ist die Übersetzung von *Adonai*, was „mein Herr, mein Meister" bedeutet. Im *Neuen* Testament ist es die Übersetzung von *kyrios*, ein Ausdruck, der Kraft und Autorität beinhaltet. Das hebräische *Eljon* und das griechische *hypsistos* bezeichnen beide Gott als den „Allerhöchsten".

Aber der Name mit der allertiefsten Bedeutung, *Jahwe*, der ausschließlich für den Gott Israels steht, ist nicht ein einziges Mal im griechischen Neuen Testament oder unserer deutschen Übersetzung zu finden. Der Name, den wir als „Ich bin wirklich gegenwärtig, bereit zu helfen und zu handeln, so wie ich es immer gewesen bin!" definiert haben, wird in dem griechischen Neuen Testament auch nur mit *kyrios* und in der deutschen Übersetzung mit „Herr" wiedergegeben. Der Grund dafür liegt in einer religiösen Gepflogenheit der Juden, die hier kurz erklärt werden soll.

Die Gefangenschaft hatte die Israeliten vom Götzendienst befreit, aber unglücklicherweise wurden sie dadurch übervorsichtig ihrem großen Gott gegenüber. Damit sie niemals mehr den „Namen Gottes missbrauchen" (2Mose 20,7), hörten sie ganz damit auf, ihn in den Mund zu nehmen. Wenn sie in der Synagoge die Heiligen Schriften lasen, sprachen sie den Namen *Jahwe* nicht mehr laut aus, sondern ersetzten ihn durch *Adonai*. Und weil nun *Jahwe* und *Adonai* gleich gelesen wurden,

wurden sie auch im griechischen Alten Testament (in der Septuaginta) gleich übersetzt. Bei Hab 1,13 waren die jüdischen Gelehrten z.B. so besorgt darum, den heiligen Gott nicht mit der sündigen Welt zusammenzubringen, dass sie neue Wege erfanden, um seine Beziehung zur Schöpfung auszudrücken. Statt dass sie Gott sprechen ließen, lasen sie nun „das Wort Gottes sagte". Wenn der Text von der Gegenwart Gottes sprach, lasen sie „die *Herrlichkeit* Gottes" oder „die dort *wohnende* Gegenwart *(Schekina)* Gottes".

Obwohl wir einiges von dem Reichtum der hebräischen Sprache verloren haben, gab diese neue religiöse Bildersprache den Autoren des Neuen Testamentes ganz neue Möglichkeiten, ihren jüdischen Zeitgenossen die Gottheit Jesu mitzuteilen. Johannes eröffnet sein Evangelium mit den Worten: „Im Anfang war das Wort, und das Wort war bei Gott, und das Wort war Gott." Er fährt fort in 1,14: „Das *Wort* wurde Fleisch und *wohnte* unter uns, und wir sahen seine *Herrlichkeit*." Indem er Jesus klar und deutlich „Gott" nennt und das mit den drei Schlüsselbegriffen der Synagoge unterstreicht, lässt Johannes keinen Zweifel darüber, wer Jesus wirklich ist.

📖 📖 📖

☞NT2: **Namen und Titel des Herrn Jesus**

Wenn wir nun die Evangelien lesen, stellen wir fest, dass die Selbstdarstellung Jesu doch nicht so offensichtlich war. So wie er in seinen Gleichnissen lehrte, warf Jesus keine „Perlen vor die Säue", sondern offenbarte sich nach und nach dem inneren Kreis der Jünger, die alles verlassen hatten, um ihm nachzufolgen. Und wieder erlaubte ihm das Vokabular der Synagoge, mit versteckten Andeutungen von sich zu sprechen.

Wenn wir als Christen das Wort *Christus* gebrauchen, dann lesen wir alles in dieses Wort hinein, von dem wir glauben, dass es auf Jesus zutrifft, einschließlich seiner Gottheit. Aber zur Zeit des Neuen Testamentes dachte man von dem Christus (abgeleitet vom griechischen Wort *christos*) oder von dem Messias (abgeleitet vom hebräischen Wort *maschiach*) zwar, dass er ein ganz spezieller Abge-

sandter Gottes sein sollte, aber nicht, dass er Gott selbst sei. Man wusste von ihm, dass er ein „Sohn Davids" sei, ein Nachkomme des großen Königs. Aufgrund des besonderen Bundes *Jahwes* mit David war er auch als der „Sohn Gottes" bekannt (2Sam 7,14; 1Chr 17,13). Und weil Dan 7 messianisch verstanden wurde (besonders die Verse 13-14), war ein weiterer Name für den Messias „Menschensohn", ein Begriff, der ansonsten in der hebräischen Bibel lediglich „menschliches Wesen" bedeutet.

Jesus kann der Sohn Davids genannt werden, so wie es in den Evangelien auch häufig geschieht, weil er ein leiblicher Nachkomme des Königs ist (Mt 1; Lk 3). Aber obwohl diejenigen, die ihn als Sohn Davids bezeichneten, an ihn als den Messias glaubten, wussten sie erst nach der Auferstehung, dass er *der* Sohn

Davids ist, und zwar in einer Weise, wie sie es sich vorher nicht vorgestellt hätten.

In ähnlicher Weise konnte Jesus in Joh 10,34-38, als er sich mit seiner feindlichen Zuhörerschaft beschäftigte, mit seinem Titel „Sohn Gottes" scheinbar leichtfertig umgehen. Diejenigen aber, die mit den Augen des Glaubens sahen, dass er das Werk seines Vaters tat, wussten, dass er *der* Sohn Gottes war. Und die bevorzugte Selbstbezeichnung Jesu als „Menschensohn" betonte seine wahre Menschlichkeit, während er sich denen, die an ihn glaubten, als der Messias offenbarte.

Jesus bezeichnete sich selbst in einer weiteren einzigartigen und unerwarteten Weise. Als *Jahwe* sich Mose in 2Mose 3,14 offenbarte, verkündete er seinen Namen: „Ich bin, der ich bin." Wenn nun ein normaler Mensch sagt: „Ich bin", kann er dabei meinen: „Das bin ich", ohne sich selbst als Gott bezeichnen zu wollen. Aber als Jesus sagte: „Bevor Abraham geboren war, bin ich!" (Joh 8,58), war seine Absicht absolut klar – und das war auch der Grund, warum seine Zuhörer ihn auf der Stelle steinigen wollten. Denn wenn Jesus sagt „Ich bin", können wir davon ausgehen, dass er denen, die „Ohren haben zu hören", sagt: „Ich bin *Jahwe*."

📖   📖   📖

☞NT3: **Matthäus**

Matthäus eröffnet sein Evangelium mit der Erklärung, dass Jesus der „Christus [ist], der Sohn Davids, der Sohn Abrahams." Tatsächlich finden sich in Matthäus acht der zwölf Bezüge auf Jesus als den Sohn Davids. Er stellt damit Jesus sehr deutlich als den idealen Israeliten und den idealen König Israels dar.

Als Josef gesagt wurde, wie er das Kind nennen sollte, gab ihm der Engel die Anweisung, es „Jesus" zu nennen. Damit sollte die Prophezeihung erfüllt werden, dass er „Immanuel", „Gott ist mit uns", genannt werden würde (1,21-23). Um das verstehen zu können, müssen wir die Bedeutung für „Jesus" im Hebräischen kennen. Es ist der griechische Name für „Jeschua" und bedeutet *Jahwe* ist Rettung". Jesus soll *Jahwe* ist Rettung" genannt werden, weil „er sein Volk von ihren Sünden erretten wird". Matthäus eröffnet sein Evangelium also mit der erstaunlichen Offenbarung, dass Jesus niemand anderes als *Jahwe* ist. Und auf ähnliche Art beendet er es, wenn er Jesus zitiert: „Und siehe, ich bin bei euch alle Tage bis an das Ende des Zeitalters". Die Parallele zu 2Mose 3,12-15 ist nicht zufällig!

📖   📖   📖

☞NT4: **Markus**

Markus, der vielleicht als erster seinen Bericht niedergeschrieben hat, beginnt mit den Worten: „Anfang des Evangeliums Jesu Christi, des Sohnes Gottes."

Gott selbst bestätigt diese Aussage in 1,11: „Du bist mein geliebter Sohn; an dir habe ich Wohlgefallen gefunden."

Etwa in der Mitte des Buches haben die Jünger die Wahrheit über die erste Hälfte der Identität Jesu verstanden. Petrus erklärt: „Du bist der Christus" (8,29). Aber der erste, der die zweite Hälfte erkennt, ist ein Hauptmann. Nachdem er Jesu Todesschrei gehört hatte und beobachtet hatte, wie Jesus gestorben war, sagte er: „Wahrlich, dieser Mann war Gottes Sohn." (15,39). Die darauf folgende Auferstehung bewies es auch allen anderen Nachfolgern Jesu, sowohl damals als auch heute.

📖　📖　📖

☞NT5: **Lukas**

Wie Matthäus verkündigt auch Lukas die wundersame, jungfräuliche Empfängnis Jesu (1,26-38). Nur er berichtet aber von der Herrlichkeit Gottes, die bei der Geburt Jesu erschien (2,9). Das war ein Ereignis, das nur bei dem Kommen des Messias erwartet wurde. Lukas betont auch die persönlichen Begegnungen mit Jesus – Elisabeth und Maria, die Schafhirten, Simeon und Hanna – und zeigt, dass sich Jesus in seinem ganzen Dienst mit den Geringen, mit den Ausgestoßenen und mit den Frauen auf eine Stufe stellt. Lukas hebt die Identifizierung Jesu mit den Menschen dadurch hervor, dass er 25-mal den Begriff „Menschensohn" verwendet; nur Matthäus gebraucht den Begriff häufiger.

📖　📖　📖

☞NT6: **Johannes**

Wir haben bereits die geradezu unglaubliche Einführung Jesu in Joh 1 als das Wort, die unter uns wohnende Gegenwart und die Herrlichkeit Gottes gelesen. Der Evangelist zählt sieben Selbstbeschreibungen Jesu auf, in denen er „Ich bin" sagt (6,35; 8,12; 9,5; 10,7.9; 10,11.14; 11,25; 14,6; 15,1-2). Daneben finden wir Jesu eindrucksvolle Aussagen in 8,58 und 18,6, die demonstrieren, welche Aussagekraft der Name „Ich bin" aus Jesu Mund hat!

Johannes bezieht sich 13-mal auf Jesus als *der* „Menschensohn", und sogar 20-mal als „der Sohn". Johannes offenbart Jesus als Gottes eingeborenen (oder „einzig geborenen") Sohn und bezieht sich öfter als jedes andere Buch der Bibel auf Gott als seinen Vater. Das Alte Testament bezieht sich nur zwölfmal auf Gott als Vater, Johannes 120-mal!

Wenn wir die Evangelien in chronologischer und harmonisierter Folge lesen, sollten wir Ausschau halten nach ihrer vielfältigen und doch einheitlichen Schilderung von Jesus als *Jahwe*, der gegenwärtig ist, um zu retten.

☞ NT7: **Der Heilige Geist**

Das Alte und Neue Testament stimmen darin überein, dass Gott *einer* ist (5Mose 6,4; Eph 4,6). Aber in ähnlicher Weise, wie Mann und Frau in der Ehe *ein* Fleisch werden, so ist Gott *drei* in seiner Einheit. Vom ersten Vers des ersten Buches Mose an deutet die Schrift auf eine Mehrzahl in der Person Gottes hin. *Elohim* („Gott") und *Adonai* („Herr") sind Plural-Formen. Es ist deutlich erkennbar, dass Gott und sein Geist in der Schöpfung am Werk waren; und in Joh 1 erkennen wir, dass Jesus (das Wort) das Werkzeug der Schöpfung war.

Bis zur vollständigen Offenbarung im Neuen Testament ist Jesus in gewisser Weise verborgen, und der Heilige Geist bleibt ein Geheimnis. Im Englischen gibt es sogar Übersetzungen, die 1Mose 1,2 auf einen „Wind von Gott" beziehen, anstatt auf den Geist Gottes (z.B. die New English Bible), weil sowohl das hebräische Wort *ruach* als auch das griechische Wort *pneuma* „Atem", „Wind", „Geist" oder „Geist (Gottes)" bedeuten kann. Auch wenn einige Menschen den Geist als eine unpersönliche Kraft ansehen, so verlangen doch die Bildersprache und die Wortwahl im Alten Testament, ihn als Person anzuerkennen.

Der Heilige Geist, der ca. 80-mal im Alten Testament erwähnt wird, offenbart sich auf viele verschiedene Weisen. Er „brütet" über der Schöpfung, ähnlich wie eine Henne auf ihren Eiern brütet (1Mose 1,2). Der Geist steht der sündigen Natur entgegen (6,3). Er bevollmächtigt Gottes auserwählte Führer (4Mose 11,17) und spricht zu den Propheten

(2Sam 23,2). Der Geist kann erzürnt werden (Micha 2,7 in vielen englischen Übersetzungen), man kann gegen ihn rebellieren (Ps 106,33) und ihn betrüben (Jes 63,10).

Mehr als 50-mal beziehen sich die Evangelien auf den Heiligen Geist, fast 60-mal die Apostelgeschichte und mehr als 100-mal das übrige Neue Testament. Der Heilige Geist war bei der Geburt Jesu anwesend und bewirkte die besondere Empfängnis in Maria (Mt 1,18.20). Er bevollmächtigte Johannes den Täufer von Kindheit an (Lk 1,15) und führte Jesus in die Wüste (Mk 1,12). Durch ihn führt Jesus die Gläubigen in der Taufe seiner Gemeinde zu (Mt 3,11; 1Kor 12,13), und durch ihn treibt er böse Geister aus (Mt 12,28). Er lebt in jedem Menschen, der in Christus ist (Röm 8,9), und ist die Anzahlung für unsere endgültige Erlösung (Eph 1,13). Die Schrift zeigt uns auch, dass der Geist belogen und versucht werden kann (Apg 5,3.9), ihm kann widerstrebt werden (Apg 7,51), er kann betrübt werden (Eph 4,30), und das Wirken des Geistes kann behindert werden (1Thess 5,19).

Dass der Heilige Geist vollkommen Gott ist, zeigt sich in seinen Beziehungen und Handlungen. In Apg 5,3-4 weist Petrus den Ananias zurecht, weil er den Heiligen Geist belogen hatte, was einer Lüge gegen Gott gleichgesetzt wurde. Weil der Heilige Geist der Geist Gottes ist, kennt er alles, sogar Gottes Gedanken (1Kor 2,10-11). Darüber hinaus gibt er das Leben (2Kor 3,6). Als Geist des Herrn Jesus (Phil 1,19) führt er das Werk

Christi in jedem Gläubigen weiter. Er ist der „andere Tröster" (oder „Beistand"), den Jesus an seiner Stelle gesandt hat (Joh 14,26). Er hilft uns in unseren Schwachheiten und vertritt uns beim Vater (Röm 8,26). Er heiligt die Menschen, in denen er wohnt (Röm 15,16).

Wenn wir nun die Evangelien beenden und mit der Apostelgeschichte und den Briefen beginnen, sollten wir uns auf den Charakter und die Taten des Geistes Gottes konzentrieren. Obwohl er oft ein Anlass zu Streitigkeiten war, wie man in der Apostelgeschichte, in 1. Thessalonicher und vor allem in 1. Korinther sehen kann, wurde uns der Heilige Geist gegeben, damit wir eins sind mit Gott und miteinander.

📖 📖 📖

☞NT8: **Die Apostelgeschichte**

Dieses Buch, das traditionell als „Apostelgeschichte" oder als „Taten der Apostel" bekannt ist, könnte man auch gut als „Taten des Heiligen Geistes" überschreiben. Es beginnt mit der Verheißung, dass der Geist kommen wird, und bis zum Ende des Buches werden seine Kraft, Erfüllung und Führung dargestellt. Daher sollten wir beim Lesen der Apostelgeschichte darauf achten, dass hinter den bekannten Persönlichkeiten wie Petrus, Stephanus, Philippus, Barnabas, Silas und Paulus der Heilige Geist steht. Er hat sie zu den beeindruckenden Männern Gottes gemacht. Außerdem ist es wichtig zu bemerken, dass sich Gottes Charakter zwar nicht ändert, wohl aber seine Art und Weise, mit der Schöpfung zu handeln. Nur weil etwas in der biblischen Geschichte in einer bestimmten Weise passiert ist, heißt das noch lange nicht, dass es zu jeder Zeit so geschehen muss. Zum Beispiel müssen wir nicht nach Jerusalem gehen und dort warten, bis wir den Heiligen Geist erhalten – er erreicht uns, wo immer wir uns befinden. Was in der Apostelgeschichte geschildert wird, ist wirklich so passiert, aber die Lehre für unser heutiges Leben im Geist ziehen wir besser aus den Briefen.

📖 📖 📖

☞NT9: **Die Briefe**

Wenn wir nun die Geschichte der ersten Gemeinde in der Apostelgeschichte lesen, stoßen wir auf Briefe, in denen die Apostel Anweisungen geben, Fragen beantworten und falsche Lehren in den jungen Ortsgemeinden bekämpfen. Einige dieser Anweisungen und Befehle sind zeitlich und kulturell bedingt. Zum Beispiel würde niemand auf die Idee kommen, nach Troas zu gehen, um den Mantel des Paulus zu holen, selbst wenn das in 2Tim 4,13 befohlen wird. Aber das meiste, was vor gut 1950 Jahren geschrieben wurde, ist für uns heute noch aktuell.

Wenn wir diese Briefe lesen, sollten wir sie als persönliche Briefe lesen. Anstatt uns von den Hunderten von Gedanken und Befehlen überrollen zu lassen, sollten wir jeden Tag eine Sache finden, die wir in unserer Anbetung und in unserem täglichen Leben anwenden können.

📖 📖 📖

☞NT10: **Galater**

Der Galaterbrief wurde wohl um 49 n.Chr. geschrieben, und ist damit vielleicht der erste Brief des Paulus und des gesamten Neuen Testamentes. Er richtet sich gegen Irrlehren über das Christentum, über das Gesetz und über die Beziehung zwischen Glaube und Werken. Genauso wie uns Gott ohne unser Zutun rettet, hängen auch unser Wachstum und unsere Heiligkeit nicht von unseren Werken ab, sondern kommen aus unserer Abhängigkeit von der Kraft des Geistes Gottes, der in uns wohnt.

📖 📖 📖

☞NT11: **Jakobus**

Einige sehen bei Jakobus einen Widerspruch zu Paulus, wenn er sagt: „Der Glaube ohne Werke ist tot." (2,17). Aber Jakobus war weit davon entfernt, Paulus zu widersprechen; er spricht in dieser Stelle über einen Lebensstil. Dabei schöpft er aus dem reichen Erbe der Weisheitslehre, der Propheten und der Bergpredigt seines Halbbruders Jesus und schreibt über ein Leben im Glauben, das sich als theologisch korrekt *erweist*.

📖 📖 📖

☞NT12: **Thessalonicher**

Die beiden Thessalonicherbriefe richten sich an eine der ersten Gemeinden, die Paulus in Griechenland gegründet hat. Er ermutigt die jungen Gläubigen, in Verfolgung auszuharren, falscher Lehre zu widerstehen und ein ausgefülltes und wirkungsvolles Leben zu führen, solange sie auf die Wiederkunft Jesu warten. Tatsächlich endet jedes der fünf Kapitel aus 1Thess mit einer Ermutigung, die Jesu Wiederkunft zur Grundlage hat.

☞NT13: **Korinther**

In Korinth verbrachte Paulus anderthalb Jahre, um die Gemeinde zu bauen. Seine längsten und leidenschaftlichsten Briefe sind an diese angefochtenen Gläubigen gerichtet. Die wohlhabende und schnell wachsende Hafenstadt führte zu einem ungesunden Kontakt mit der Unmoral und mit den heidnischen Religionen und Philosophien dieser Stadt. Als Antwort auf die Fragen der Korinther spricht Paulus systematisch ihre Probleme an: Arroganz, gegenseitige Abgrenzung und Verehrung der jeweiligen Führungspersönlichkeiten, Unmoral, Scheidung und Missverständnisse bezüglich der Gaben des Geistes.

📖 📖 📖

☞NT14: **Römer**

Der Brief des Paulus an die Römer ist in unseren Gemeinden heute besser bekannt als jeder andere Brief. Seine systematische Darstellung der theologischen Hauptthemen ist grundlegend für das Verständnis der Natur des christlichen Glaubens, der Gerechtigkeit Gottes, der Errettung und der Rolle von Israel und der Gemeinde. Weil Paulus die Gemeinde in Rom nicht persönlich kannte, ist dieser Brief nicht so persönlich und kulturgebunden geschrieben wie seine anderen Briefe. Dadurch erscheint er universaler und man konnte ihn durch die Jahrhunderte hindurch viel leichter direkt auf unterschiedliche Gemeinden übertragen.

Wir sollten den Römerbrief lesen, als ob wir ihn zum ersten Mal lesen würden. Dabei sollten wir auf die einzigartige Offenbarung der Eigenschaften und Taten Gottes achten. Wir werden tief beeindruckt sein von Gottes Gerechtigkeit, seinem gerechten Zorn, seiner unerschöpflichen Liebe und absoluten Treue, seiner ehrfurchtgebietenden Souveränität und einzigartigen Weisheit – ganz zu schweigen von seinem unbeschreiblichen Geschenk des ewigen Lebens.

📖 📖 📖

☞NT15: **Epheser**

Kurz nachdem Paulus von seiner dritten Missionsreise nach Jerusalem zurückgekehrt war (57 n.Chr.), wurde er im Tempelhof verhaftet und für zwei Jahre nach Cäsarea gebracht und ins Gefängnis gesteckt. Dort wurde sein Fall von Felix und Festus untersucht. Danach berief er sich auf Agrippa, um in Rom von dem Kaiser angehört zu werden. Agrippa meinte zwar zu Festus, dass er Paulus freigelassen hätte, wenn sich Paulus nicht auf den Kaiser berufen hätte (Apg 26,32), aber die Schrift weist deutlich darauf hin, dass es Gottes Plan war, ihn zur Hauptstadt des

Kaiserreiches zu senden. Rom war bis dahin noch von keinem Apostel erreicht worden.

Während er in einer gemieteten Wohnung in Rom unter Hausarrest stand (ca. 59-61/62 n.Chr.), schrieb Paulus vier Briefe, die wir als die „Gefangenschaftsbriefe" kennen. Unter diesen ist der Epheserbrief wegen seiner außergewöhnlichen theologischen Aussagen der bekannteste. Der Brief erscheint wie ein sich lang hinziehender Fluss von Aussagen, die Gottes Werk in Christus preisen. Paulus macht deutlich, dass die Gemeinde eins sein soll, weil Gott eins ist. Auch wenn es eine Vielfalt von Gaben gibt und Paulus die Ehemänner, Ehefrauen, Kinder, Sklaven und Herren einzeln anspricht, betont er doch, dass alle in Christus eins sind.

📖 📖 📖

☞NT16: **Kolosser**

Paulus hat nie in Kolossä gearbeitet oder die Christen dort besucht, so wie er es in Ephesus getan hatte. Epaphras, eines seiner geistlichen Kinder, hatte die Gemeinde in Kolossä gegründet (Kol 1,7-8). Der Kolosserbrief hat vieles gemeinsam mit dem Epheserbrief und wurde möglicherweise zur gleichen Zeit geschrieben. Einzigartig im Kolosserbrief ist aber der Angriff des Paulus auf eine lokale Irrlehre (Gnosis), in der auf der einen Seite die Person Christi gering geschätzt wurde und auf der anderen Seite bestimmte Rituale, Askese und eine besondere, verborgene Weisheit hervorgehoben wurde. Um dieser Irrlehre entgegenzuwirken, hebt Paulus den Herrn Jesus als Zentrum des Universums hervor.

📖 📖 📖

☞NT17: **Philemon**

An Philemon, ein Mitglied der Gemeinde in Kolossä, wurde einer der kürzesten Briefe des Neuen Testamentes geschrieben. Der Brief sollte ihn ermutigen, sich mehr als Christ und weniger als Römer zu verhalten und seinen weggelaufenen Sklaven Onesimus wieder aufzunehmen. Luther verglich die Aussöhnung zwischen dem Sklaven und seinem Herrn durch Paulus mit der Aussöhnung zwischen Gott und den Gläubigen durch Christus.

📖 📖 📖

☞NT18: **Philipper**

Paulus und Silas besuchten Philippi auf ihrer zweiten Missionsreise 52 n.Chr. und hatten damit ihren ersten Kontakt mit den Menschen in Mazedonien. Paulus ermutigt die Heiligen der Gemeinde, besonders die Leiter, sich ungeachtet der Umstände voller Freude dem Willen Gottes zu unterwerfen. Dabei gebraucht er das ehrfurchtgebietende Vorbild Jesu Christi als ein Beispiel für Demut und gegenseitige Unterordnung in der Gemeinde.

📖   📖   📖

☞NT19: **Timotheus und Titus**

Timotheus und Titus waren zwei besondere Jünger, in die Paulus viel Zeit investiert hatte und denen er große Verantwortung übertragen hatte. Gewöhnlich datiert man diese Briefe in die Zeit nach den Ereignissen aus Apg 28. Aus der Überlieferung wissen wir, dass Paulus nach dieser Zeit wahrscheinlich aus dem Gefängnis entlassen wurde. Von 62 bis 67 n.Chr. unternahm er weitere Missionseinsätze, bevor er dann wohl endgültig verhaftet, verhört und hingerichtet wurde.

In seinen Briefen an Timotheus, den er als seinen Stellvertreter nach Ephesus geschickt hatte, gibt er Anweisungen für den persönlichen Dienst des Timotheus, für den gemeindlichen Umgang mit Gottesdienst, Frauen, Witwen und Reichtum und für die Ernennung von qualifizierten Ältesten, die den Dienst fortsetzen sollten.

Während Timotheus von Paulus besonders geschätzt war, war Titus seine „Feuerwehr". Als die Autorität des Paulus in Korinth in Gefahr war, sandte er Titus, um die Angelegenheit zu klären (2Kor 2,13; 7,6-14). Titus wurde auch nach Kreta gesandt, um sich mit den „Lügnern, wilden Tieren und faulen Bäuchen" auseinander zu setzen (Tit 1,12). Wir finden viele Parallelen zwischen Tit und 1Tim, allerdings ist der Titusbrief weniger persönlich und etwas kompakter.

2Tim ist wahrscheinlich der letzte überlieferte Brief des Paulus. Paulus zeigt, wie wichtig es ihm ist, dass Timotheus weiterhin treu an seiner Berufung festhält, den Kampf gegen die falschen Lehrer fortführt und sich genau an die apostolische Tradition hält, die auf dem inspirierten Wort Gottes gegründet ist.

📖   📖   📖

☞NT20: **Petrus und Judas**

In 1Petr ermutigt Petrus alle Christen, heilig und treu zu leben und sogar ungerechte Verfolgung so zu erleiden, wie Christus es vorgelebt hat. Ehefrauen, Ehemänner, Älteste und junge Männer werden von Petrus herausgefordert, sich in Demut, im Dienen und in der Selbstbeherrschung zu üben.

Der zweite Brief des Petrus und der Brief des Judas sind einander so ähnlich, dass man sich fragt, warum beide im Neuen Testament erscheinen. Aber es gibt leichte Unterschiede im Inhalt und in der Betonung, die so einzigartig sind, dass sie ein sorgfältiges Studium verdienen. Beide warnen eindrücklich vor einer heimtückischen und gefährlichen Irrlehre, die das Leben der Gläubigen bedrohte. Petrus machte deutlich, dass „Gott zu erkennen" der Schlüssel für Stabilität und Wachstum im Glauben ist (2Petr 1,5-11).

📖   📖   📖

☞NT21: **Hebräer**

Wer hat den Hebräerbrief geschrieben? Wir wissen es nicht! Aber die Anonymität des Schreibers beeinträchtigt nicht die Autorität des Briefes. Er spricht in kraftvollen Worten von der Überlegenheit Jesu Christi. Dabei betont er Jesu Überlegenheit über die Engel (Kap. 1-2), über Mose (3-4) und über das aaronitische Priestertum (5-7), sowie die Überlegenheit des neuen Bundes in Jesus und seines einmaligen Opfers über den alten Bund und die alten Opfer (8-10). Kap. 11-13 sind eine Herausforderung zu einem Glaubensleben im Licht des Werkes Jesu und des Beispiels der Gläubigen aus der Vergangenheit.

📖   📖   📖

☞NT22: **Johannesbriefe**

Wenn man die Briefe des Johannes liest, kommen sie einem wie eine Zusammenfassung seines Evangeliums vor, aber mit dem Anliegen, einen Bezug zum Leben herzustellen, wie wir es von Jakobus kennen. Johannes ermutigt die Gläubigen, der Liebe Gottes nachzueifern. So wie Gott es in seinem Sohn gezeigt hat, sollten sie persönlichen Nöten individuell und aufopferungsvoll begegnen. Außerdem ermahnt Johannes seine Leser, nicht die Welt, sondern den Vater zu lieben; sie sollten die falschen Lehrer und falschen Christusse abweisen, indem sie sich an die Lehre der Apostel und an das Zeugnis des Geistes erinnerten.

📖   📖   📖

☞NT23: **Offenbarung**

Wahrscheinlich ist die Offenbarung das Buch der Bibel, das am meisten vernachlässigt wird. Traditionell wird es dem Apostel Johannes zugeschrieben. Viele Generationen lang wurde dieses Buch als Zeitplan für die Endzeit verstanden. Viel wichtiger aber ist die Offenbarung über den Charakter des Lammes und über die Souveränität Gottes. Beides soll die Gläubigen aller Zeiten – und nicht nur die der Endzeit – ermutigen, durch ihren Glauben und ihre Treue zu Gott die „Welt zu überwinden".

Die Offenbarung enthält mehr Loblieder und mehr Anbetung des Lammes, als jedes andere Buch des Neuen Testamentes. Es ist viel wichtiger, die wahre Dreieinigkeit zu verehren, die souverän über Raum und Zeit herrscht, als den Drachen und seine Tiere identifizieren zu können.